U0095621

臺灣近百年研究叢刊

陳明台著

臺灣文學研究論集

文史哲出版社印行

國家圖書館出版品預行編目資料

臺灣文學研究論集 / 陳明台著. -- 初版. --
臺北市 : 文史哲, 民 86
面 ; 公分. --（臺灣近百年研究叢刊 ; 3）
含參考書目
ISBN 957-549-063-0 (平裝)

1. 臺灣文學 - 論文,講詞等

820.7 86003518

臺灣近百年研究叢刊 ③

臺灣文學研究論集

著者：陳明台
出版者：文史哲出版社
登記證字號：行政院新聞局局版臺業字五三三七號
發行人：彭正雄
發行所：文史哲出版社
印刷者：文史哲出版社
台北市羅斯福路一段七十二巷四號
郵政劃撥帳戶一六一八〇一五七號
電話：八八六－二－三五一一〇二八

實價新台幣四四〇元

中華民國八十六年四月初版

ISBN 957-549-063-0

自序

本書《臺灣文學研究論集》，所收入的二十篇文章，包含了對戰前、戰後的臺灣文學，特別是以新詩、現代詩爲探討主軸的研究論文，除第五部〈臺灣文學散論〉是屬於零散短篇、綱要、隨筆的形式外，多爲近三年來，筆者參加各大學或文學團體所舉辦的學術研討會，於會議中宣讀的論文。

臺灣文學的研究，在八〇年代後期漸漸形成氣侯，最近數年則燦然勃興，儼然有成爲顯學之勢，一方面固然呈現了旺盛的景象，一方面似乎也暴露出甚多極待檢討、克服的問題與盲點。舉其大者，諸如，文獻學病，凡事以史料爲萬能，未能從研究主體內面的必然性，發掘問題意識或形成價值觀，而完受限、束縛於既存、既成的偏見與認知，來進行臆測、推論。諸如，盲目粗心地，全面接受西方移植、流行的文學理論加以套用，輕易地相信理論和歷史的一致性，生吞活剝，導致概念與事實的混同，甚至，陷落於自信過度的學究技術主義，或意識掛帥的教條思考，體驗主義的情緒性告白等等的困境之中，反而忽略了對文學的價值的本質、構造、機能、存在形態等根源性的探究，產生極大的偏頗。當前臺灣文學的研究，各家的觀點既然極爲分歧，實在十分有必要立基於語言眞實意味的探究，回歸於研究主體的文學價值觀（不管是居於一元或多元價值觀的立場），重新去發現，去確認，並且，嚴格地峻別文學現象的本質與非本質的內涵，方能達到最終地，解決現時依然存在的諸多難題（從基本的時代區分，到文學史的連續和斷絕等課題，乃至作家與作品的定位諸端），正確地建構出來具備主體性的臺灣文學觀，與文學史中的價值秩序。

本書的第一、二部是對臺灣戰前、戰後新詩、現代詩歷史發展的探討，有自文學主題、詩潮（如〈民衆詩研究〉、〈戰前新詩的現代主義考察〉兩篇）角度所作的分析，也有自文學運動、文學集團傾向（如〈風車的詩和詩人〉，〈戰後本土詩運動的發展與特質〉兩篇）所作的考察。第三、四部則爲作家、詩人論，大都居於文本和文脈的解釋、或從發現作家個人特質、作品與時代的關連作爲研究的座標（如〈笠詩人的精神和風貌〉、〈純粹的詩人錦連論〉兩篇），或從比較文學的視角（如〈桓夫和鮎川信夫詩中共通主題的比較〉、〈西川滿文學研究〉等篇）來提出觀點。綜合而言之，本書所收入的多數的論文，正足以浮顯這些年來，筆者埋首臺灣文學領域，一直持續在探討、研究的兩個大的方向，亦即：①主體性臺灣新詩史（戰前以迄戰後）的建構。②日本統治末期皇民文學（先從在臺灣的日本人作家和作品的考察開始）全盤的解析與闡明，這兩個大的主題。以此書中的論述作爲一個原型，筆者自然期待，今後能在已有的基礎上再進一步，更加深層和週詳地，呈示出來筆者自身完整的臺灣文學史觀。

本書的出版必需感謝家人，特別是雙親、妻子，在這段日子裏給我的鼓舞和支持。也要對國立臺北師院林政華教授的大力推介，文史哲出版社彭正雄先生惠允出書，表達謝意。

一九九七年二月十日 陳明台 序於臺中

臺灣文學研究論集目錄

壹、戰前臺灣新詩研究

一、日據時代臺灣民衆詩之研究

二、新詩精神的提倡與實踐
——「風車」的詩與詩人

三、楊熾昌・風車詩社・日本詩潮
——戰前臺灣新詩現代主義的考察

日據時代臺灣民衆詩之研究

一

提起民衆詩，則容易令我們想起美國詩人惠特曼（Whiteman Walt 一八一九～一八九二），他那些熱愛平凡正直的大衆、歌頌勞動的人們，寫實風格的敍事詩，或者是日本在大正七年（一九一八）組成，福田正夫所主導的民衆詩派詩人，顯示民主主義思想，表現密著於民衆生活且帶有幻想或現實性格的詩作。事實上，「民衆詩」的概念，是立基於「民衆」的概念，比如：

……感覺到全體和個人，民衆的意義有其廣度、深度和永遠性，是不管何時都會出生的人，活在世界上所有的人。……他們相互思念，追求愛的希望，忍耐苦難，表達個性和自由，其中有著民衆的感情和意志。①

……民衆有超越個人的個性，亦即有民族的精神。②

因此，民衆詩：

……從個人的詩變化成爲社會共通的詩的過程，民衆的創造力負擔了極大的效果，而使民眾詩能產生、賦與詩人「個人創作」以上的意味……。③

也就是，詩人的精神因著民衆全體（或民衆作爲全體的一存在）的精神，通過素材、主題在時代、歷史中會產生超越「個的」創作意義以上的重要意味。

民衆詩所追求、企圖表現的理念則是：

……以詩來表現對於勞動的人們，被苛責、受苦難的普羅大眾的愛情。抵抗欺瞞和權力，率直地，將熱情轉化成極爲純粹、明朗的詩。我確信那就是民主主義的詩，其中孕育著愛人類的人道主義的精神。④

因此民衆詩是表現民主的生活詩，歌詠人道精神、熱情洋溢的寫實詩，對大衆、人間滿懷愛情，平易近人的人生詩。

以類似上述的概念來探究戰前、日據時期臺灣的民衆詩，則其多彩的模樣，多樣的題材和具備的特質，正足以顯示臺灣新詩史發展中某些基本的方向和面向，而視其爲戰前日本統治時期發展形成，作爲主流的寫實主義文學、詩之一大流向，也可以從略爲不同的角度，呈示戰前臺灣新詩從成立走向成熟過程中，其變貌的軌跡和若干共通具有的要素，饒富意義。

本論文擬對日據時代臺灣民衆詩相關的諸問題作一探討。而置重點於①日據時期臺灣民衆詩具備的詩史意義②日據時期臺灣民衆詩顯示的特質③日據時期臺灣民衆詩的表現語言④日據時期臺灣民衆詩的系譜和主要詩人的風貌諸方面來加以討論。

二

考察日據時期臺灣民衆詩具有的歷史、時代，也就是詩史的意義，基本的一個角度，即必須探討，當時詩人們是居於什麼樣的民衆、庶民的立場，也就是各個詩人的精神如何去對應大衆（亦即時代）精神的問題。不管如何，詩人是透過此種立場來顯示其時代中「個人」民衆全體中的「一個人」的精神。也就是此種「個的」精神在時代、歷史變化的範疇、限制裡會產生、轉化爲「全體的」精神。因爲，詩人終究不過是活在特定的時代、場所、社會環境裡的人，既爲個人同時又爲社會（政治體制）中的一員，因而其存在的狀況、環境條件，自然對其創作會有所制約、造成影響，詩人以「個的」力或精神去對應時代，可能採取一種抵抗和對峙的姿勢，可能只顯示出一種注視庶民的心情、生活的態度，也可能被迫採取順應、妥協的姿勢。以日據時期臺灣民衆詩的內涵來看，所謂奠基期（一九二〇～一九三二）的民衆詩即充滿了激昂的抵抗、批判精神以及經歷挫折後的悲情與無力感。所謂成熟期（一九三二～一九三七）的民衆詩，則反映出詩人觀察民衆、人生的「見者之眼」，有受限於時代中，臺灣民衆的生活和心境、時代風俗的呈現。而所謂決戰期（一九三七～一九四五）的民衆詩當然充滿迎合時局，配合國策的宣傳、口號詩的性格，表現出詩人屈伏於體制、現實的面貌。

而本節所擬討論的是，日據時代臺灣的民衆詩，在不同的階段，受囿於時代——亦即被殖民的環境中，呈示出積極的民衆精神，也就是強而有力的詩人和時代、環境對峙的姿勢和模樣，透過本文的分析，也同時來考察當時民衆詩所表現的精神和內涵。因此，本節對於決戰期民衆詩之面相暫且擱置不論，而以所謂奠基期和成熟期的民衆詩爲對象來展開論述。相互對應於詩人內面呈示的、私的詩，民衆詩顯然更具備注視外部狀況、公衆的詩之傾向，居於歷史和時代的範疇中，此種傾向極易轉化爲一種帶有問題意識、現實意識的詩，自不庸贅言。奠基期的臺灣民衆詩即多是表現詩人對現實、問題的不滿、暴露黑暗面相的詩。其作爲事件詩和社會詩的性格也極爲明顯。

所謂事件詩，乃是透過當代發生的重大、引人側目的事件作爲題材，轉化於敘事詩體中，用來表達詩人的發言。事件成爲公衆注目的話題，具多樣的意義，是活生生的教材，作爲詩的主題，既可顯示詩人的主張或立場，亦可帶給一般人深刻的印象，產生現實批判和引發共鳴的效果。如賴和的多數事件詩，即基於民衆被犧牲、迫害的弱者立場，有所抒發。

唉，這覺悟的犧牲！
多麼難能、多麼光榮！
我聽講到了這回消息，
忽充滿了滿腹的憤怒不平，
無奈慘痛橫逆的環境，
可不許盡情地痛哭一聲，
只背著那眼睜睜的人們，

把我無男性眼淚偷滴！

唉，覺悟的犧牲！
覺悟地提供了犧牲．
我的弱者的鬥士們．
這是多麼難能！
這是多麼光榮！

（覺悟下的犧牲）

是恨是讎雖則不知，
是妄是愚？何需非議。
舉一族自願同赴滅亡，
到最後亦無一人降志，
敢豈是因爲蠻性的遺留？
是怎樣生竟不如其死？

恍惚有這呼聲，這呼聲

在無限空間發生響應
一絲絲涼爽秋風
忽又急疾地爲它傳播，
好久已無聲響的雷，
也自隆隆地替它號令。

兄弟們！來！來！
來和他們一拚！
憑我們有這一身，
我們有這雙腕，
休怕他毒氣、機關鎗！
休怕他飛機、爆裂彈！
來！和他們一拚！
兄弟們！
憑這一身
憑這雙腕！

（南國哀歌）

賴和分別在一九二五、一九三一年發表的〈覺悟下的犧牲〉及〈南國哀歌〉均是以當時飽受注目的事件爲主題的詩作。前者是針對彰化二林事件——蔗農對抗資本家（統治階層）引起多數農民被逮捕和凌辱事件，後者是爲哀悼霧社事件——霧社原住民群起抗暴遭虐殺事件而創作者，均以敘事詩的形式，敘述事件的始末，卻把詩的焦點置於批判和斥責殖民政治的不義和殘暴，僅從引用的數節，即可見出作者對社會狀況、政治體制，充滿著內心的憤怒和憎惡，對事件犧牲者眞心的同情，而發出不平和哀鳴。那種發自作者內心強有力的道德自信，對依附於政治和經濟權力底下，巨大惡勢力的直言不畏的告發，可以說是，包含了憎惡冷漠，同情苦難，積極地追求自由、歡樂、連帶感、愛等的熱情和願望，值得肯定的民衆（庶民）之人生價值觀與意識。賴和的其他新詩創作如〈流離曲〉、〈農民謠〉等等也都基於此一民衆的立場抒發類似的主題，展示了詩人個人的精神‖民衆強勁有力的精神。

所謂社會詩則是透過社會現象、特定階層、人物的刻畫來顯示時代模樣或現實人生印象的作品。多是以精神狀態普遍居於停滯中，或不遇、受苦的下層民衆及其處境爲抒發的對象。

命運！
是生命的砂漠上的一陣狂飆，
毫不憐憫的
把我們
不由自主的無數量的小砂

緊緊的吹揚鼓蕩著，
漂漂地浮懸在空虛裡，
漂浮漂浮永沒止息之處。
（黑潮集50.）

趕到紡織工場去，
鐵門鎖緊緊，不得入去，
⋯⋯⋯⋯
等呀等鐵門又不開
陣陣霜風冷冰水，
冷呀！冷呀！
凍得伊脚縮手縮，難得支持
等得伊身倦力疲，
直等到月落，雞啼。
（女工悲曲）

楊華分別發表於一九三七、一九三五的作品，前者是基於自身獄中的苦難經驗，發出的人生命運悲歌，後者則是以女工的悲慘處境爲主題，僅從引用的數節，即可見出面對苦難的生命，庶民脆弱的心靈反響，無助、無奈的哀嘆。又如楊守愚的〈蕩盪中的一個農村〉，透過水災後農村景象的素描，呈示受創於自然暴虐後，民衆的無依無靠的境遇；「……一片的荒埔／廣闊的砂漠／這一切傷心慘目的景象呀／我見之　猶要心痛／況遭受慘虐的兄弟們／怎叫他不會椎心　頓足／怎叫他不會泣血　哭慟」。〈孤苦的孩子〉則透過略帶反諷的口吻點出世間的冷酷人情，「……他們那有耳朵／聽到你的聲／孤苦的孩子／膽子壯一點吧／還是揭開你臉上的愁雲／還是拭乾你眼底的淚雨………」，此一類型的社會詩常是羅列出社會的病態場面，以控訴社會的不幸、不公，如實地表現、觸及庶民悲慘的靈魂。

而最重要的是，透過事件詩型的批判，社會詩型的叫喚或控訴，詩人的精神和其同一時代民衆內心深層所埋藏的精神，相互地震盪，使詩人個的精神史有可能轉換成爲時代的、民衆全體的精神史（諸如他們心中共通的作爲——民衆的希望、感動、悲哀等等）。詩人藉著詩已經清楚地記錄了時代的狀況，以及民衆的處境。那也就是詩人置身於殖民地臺灣時空中，一種活生生的見證。奠基期的臺灣民衆詩，充滿激情的形式和內涵，在此一點上正顯示了其居於詩史上的特殊意義。

對比於奠基期臺灣民衆詩激情和高昂的風貌，成熟期的詩人實有著多樣的觸角，處在比較開放性的時代和文學環境中，民衆詩的風貌，亦有轉入偏重生活、寫實的傾向。前一時期詩人和外部現實對峙的姿勢，也漸漸緩和，形成了冷靜地去觀察庶民生活、自身存在現實的態度。

但一到冬天
這白色屋頂下
資本家嗤嗤而笑
這黑色煙囪上
喘出勞動者的嘆息
…………
於是煤煙與砂塵染遍了
陰慘灰色的平原
沈悶了天空
終至腐蝕了人們的心胸
啊，任何畫家也不能畫出
這歷然的光景

（煙囪）

卻有四五個穿著和服和燕尾服的人種
睜大眼睛睨視著我們

我急忙看著自己難看的洋服
和全是泥土的靴子
剎那間我有偉大的發現
如果在這地上……不存在
這畫著藍線條的天國也不會有
夜深使我感到越冷
還是普通車票才有人的溫暖
尤其那體臭的芳香叫我懷念

（疾馳的別墅）

兩篇均是吳新榮於一九三五年發表的作品，共通地，都可以感受到詩人對自身＝民衆生活的省察。〈煙囪〉的主題是經由煙及其周遭的景象描寫，間接而比較溫和地批判資本家搾取農民，暴露當時殖民地臺灣社會依然存在的一種病態。我們可以在詩中發現詩人冷澈地、悠閑地刻畫既存風物的手法。〈疾馳的別墅〉則以二等、三等車廂的對比，顯示出貧富階級對立的意識，透過詩，作者也溫和地對現存的世間衆生的不平等有所觀察和批判。耐人尋味的是，詩人既居於觀察者，也處於被觀察者的地位。

類似此種冷澈的「見者之眼」，詩人郭水潭也加以發揮，在他的民衆詩中，也隨處可見對於人（如乞丐、妓女）、景物（如牧場、農村、酒家）的觀察，特別是他居於一個庶民的立場，往往能在時代的變動，歷史的變換點上，敏感地有所體察，具有強烈的生活者的意識。

今天該向那些廢墟告別
正順著新的政風　給故鄉
添上新的風景　要展開了

懷念的故鄉
故鄉的　老習慣

許多成爲我們信仰目標的觀音呀、媽祖呀
朝夕　膜拜的　我們的習慣
每次禱告　就焚燒的線香味喲
祭典日　敲打的鑼聲和爆竹聲喲
今天　遺忘所有的神話
乘上時潮　在我的故鄉
新的信仰　就要誕生

（故鄉之歌）

然而　各位
不到被迫蔑視自己
自降人格而無可奈何之時
我們仍是經過多次
忍耐和屈服的考驗過來的
從旁觀者來説
雖是作戲的演員
但是我們必須
拚命地抵償它

哦各位
虛僞和假面具是
生活迫我們該作的
化妝
互相不廢棄生活
就不應責備
二十世紀的現在

（生活的信條）

〈生活的信條〉發表於一九三一年，可說是一首人生之歌，是完全基於一個平凡過活的民衆的角度，來思考人生的作品，生活的信條也就是人生的信條，通過歲月的歷練，累積的庶民的生活智慧。詩中也可讀到易於接受、面對現實的，典型的一種庶民的生活態度。〈故鄉之歌〉發表於一九三九年，詩人敏感地感知時代的轉換，而在新的歷史時潮即將湧現的關鍵時刻，寫出這樣的詩，不管如何，有透過對傳統舊習慣重新思考的心情，面對現實尋求新生的內在的渴欲，詩中含有對庶民、民俗文化的體認和歷史意識，也值得一提。

比較起前一階段的激情，詩人具有成爲「對峙、抗爭者意識」，此種沈澱於庶民生活，穩健的「旁觀、生活者意識」，確足以代表成熟期民衆詩的性格，可以清楚地看出詩人（也是民衆）的創作，更加受囿於當時日趨安定的生活環境和狀況，也具備了不同的時代意義。

三

日據時代臺灣的民衆詩，從成立到成熟，經歷了內涵的變貌過程，產生不同的質素，有如上述。所謂事件詩型、社會詩型、生活詩型的不同，已多少可看出戰前臺灣民衆詩的特質。底下擬從民衆詩主要的表現題材，進一步來探究日據時代臺灣民衆詩的若干特質。以詩人是創作主體的角度來看，民衆詩其實有外向的（公的）題材，和內向的（私的）題材，前面已略有提起。試舉楊雲萍的詩爲例：

汝若片時不出來賣粿，連一餐也不可得！
那有伏侍的工夫哩？
——汝的心內刻刻掛著——
颯颯寒冷的風——破扉——無被可覆的母親——秋末！
唉！我兄弟呀！勿悲！勿悲！

（這是甚麼聲音？）

妻啊，你看著我
微笑——但我看到了你的寂寞。
啊，在這街道上，風塵遍地，
走吧，走吧
啊，一同地走吧。

（妻）

〈這是甚麼聲音？〉以外在的對象爲主題，詩人的目光投注向外，〈妻〉則以極近的周遭人物爲主題，詩人的目光投注向內，多少顯示了不同。但，不管如何，民衆詩的題材，除前面已述及者，至少可包括①庶民、大衆自身的形象，感情、心情和生活②與民衆息息相關，周圍存在的事物或景觀③風土或風俗現象。①可舉生活寫實的詩作來代表②可舉表現農村諸面貌的詩作來代表③可舉描寫地方風物的詩作來代表。

我們的祖先持有一種偉大的東西
他們相信那東西是一種火
那火——發自五體，則
臨大敵而奮戰到底
爲生活而勞動不息
最後不忘把那火傳給子孫

我們正是那薪火的繼承者
通過所有世紀與制度
這火種永不消失
然而卻有笨蛋傢伙
叱喝我們是無智者！
我們要向你們呼喊：
讓我們重來一次
空手握鋤拚拚看

你們可知道
這火是燧火而不是煙花
這火有時如雷電奔騰
我們被譏無智者
的確有時受騙
但我們即使挨餓也有鐵般的意志
君不見我們如此生存下來嗎
通過所有世紀與所有制度
這無智者達成了偉大的任務

啊，想起我們祖先的往昔吧
當他們初臨大地時
雙手空空什麼也沒有
有的只是一葉扁舟與一把鋤頭

（農民之歌）

吳新榮的這首〈農民之歌〉，確是同類型寫實生活詩中的傑作。以最足以代表庶民形象的農民這一階層，其思考、器物、生活作爲主題，作者溯及人和用具的根源（火種、鋤、雙手空空等），而在時空意識（傳統+傳承意識）下，展開論述，其題材包括了農民自身，擴大及物質和精神，物心兩面，這首詩帶有作者身爲民衆（農民）的一種自尊表現，也含有回顧自身的歷史意識。在詩中，一個民衆＝農民，其一己之存在已代表了全體共通的存在，呈示了足以連貫傳統，代代相承的民衆精神。相較於吳氏著眼於民衆全體的思考，楊雲萍的〈鱷魚〉；郭水潭的〈乞丐〉也是代表以民衆生活爲題材的寫實詩作。

我靜止著不動，
但地球卻還是在那裡運動。
「這裡的水是多麼的冷呵，
再少少地溫暖一些吧。」
然而寒冷，寒冷，
啊，寒冷，
唯有我尾巴上的劍，
卻永遠鋒利，決不黝暗。

（鱷魚）

當夕陽下沈於西方之際
不知從何處來了一隊乞丐

投宿於村子的寺廟裡
他們雖在神佛的領域
卻不作祈禱
他們不忘記檢點所賺的一天的報酬
雖然執著於自己的生存
但不知何故
他們深深地埋怨神佛

（乞丐）

兩首詩中，楊氏的〈我〉，寫出一民衆對應於自身生存的環境，不屈服的精神，而郭氏的〈乞丐〉則呈示一群體、一階層民衆共同體的人生剖面。三首詩的民衆人物像雖各自指涉不同的生活感覺與心情，卻都共通地轉化「個」的面相爲「全體」的面相，以各自的角度描繪出活生生的民衆精神。

相關於農村景觀、事物的描寫，可以說是民衆詩的一個普遍而必要的題材，藉景、物、季節的變遷，投影心境或單純的抒情，如夢湘的多數作品都顯示出特殊的農村景觀，農民的生存環境和遭遇。

但是一個挑山著的人，衫褲都被汗濕遍了。
銅肋鐵骨的兩腿都跑得軟了。

他也並不賞花，不顧著鳥語花香的音樂！
脫下襯衣，聞那撲鼻的草香。
（挑山薯的人）

雙腳跪地耘草的農人的衣服，
被露珠沾濕了——也許是流著汗，
差不多沒有乾處，但——他不足惜！
夜色漸漸籠罩上來了，
然而他還未想歸家，只要把穢草除盡就夠了。
（耘田）

農家的富，茅屋之間，庭院十坪
家雖陋，可容膝，而狹小的庭裡
彼望碧空，月出了，光閃入壁隙
…………
春到了，小鳥來歌
春暮了，過有小蝴蝶飛舞翩翩

夏到了，蟬聲嘩嘩地鳴於樹上
秋晚呢，秋螯悲吟鬧著長夜

（農家的富）

透過這些詩句，我們可以仔細品味到當時農村生活的點滴，作者以投影實際體驗，和共鳴於農民生活的感情，記錄下在歲月、人生反覆的，民衆──農民特定階層的悲哀、辛苦與種種情緒變化，背後實含蘊著作者身爲一民衆的生活觀察，對自身依附大地和環境深厚的愛情。不限於農村景觀的描寫，民俗性的景、物表現，也頗能顯示戰前民衆詩特質的一面。郭水潭的許多作品都可看到民衆所熟悉或生存場所中現有的風物、風土的刻畫；

瞄準斑鳩而發的小石頭
在壯觀又富麗堂皇的屋頂激起回響
那些小鬼們吶喊著一溜煙似地飛跑
廟祝滾出來似地再度露面
那溫和的老人眼睛
抱怨地目送斑鳩飛走的天邊好久好久

（廟祝與斑鳩）

白色的鹽田　接著藍海

在那廣闊的中央突出
羅列赤裸的小港街
……………
那邊有鹽分的乾巴巴的　土地上
沒有森林　也沒有竹叢

（廣闊的海）

風土和風俗的描寫，往往會呈示出民眾生活和環境的特殊面貌，風物的描寫則可能增加詩的抒情氣氛和美的感觸。〈廟祝與斑鳩〉中的景物描寫，生動地將庶民生活中特殊的人、物的關連作了結合，將生活在鹽村的家族的心情和相互的愛情〈兄妹的親情〉表露無遺。

可以說，如上所列舉的寫實生活詩，農民、農村的心境、景觀詩，乃至民眾所熟悉的風土風俗、風物描寫詩，戰前民眾詩的題材，多彩多樣，而基本上帶有強烈生活詩的傾向。偏好以庶民人物、心情和感情的捕捉，農村或生活地域景觀的寫照，風土和風物的呈示，構成民眾詩的獨特的世界。

四

詩的表現不只依附於題材，也依附於語言。戰前臺灣民眾詩的語言，大抵以平實、明朗為其基本的特色。但是，依然可見充滿浪漫的激情，口語化自由詩的形式，或者帶有感傷的傾向，淡淡的抒情的語言表現，甚至有具備象徵現代前衛詩風的語言表現，還是各有不同。

啊，這是飽漿的甘蔗，
平漫漫的田疇，
一層層金波湧起，
啊，那是成熟的稻仔，
種田的兄弟們喲！
想你們的鐮刀早已準備？

賴和〈低氣壓的山頂〉

風呼呼地咆哮，
樹葉兒蕭蕭瑟瑟，
併此而爲三重奏的，
只有從那破屋裡流露出來的，
帶顫的、微弱的呻吟、嘆息。

楊守愚〈冬夜〉

賴和的〈低氣壓的山頂〉，楊守愚的〈冬夜〉，都是以喚起情緒的口語，直接叫喊式的表現來發抒其內裡澎湃的浪漫和熱情，配合他們詩作的題材，帶有強烈的反抗或批判現實醜惡現象或時代狀況的性格，此種口語自由詩的語言，顯然易於引起讀者瞬間的激情，但是，太過直陳的用語，原始的情緒的發洩，近似口號的表達方式，也產生了情緒氾濫的反面效果，無法寄託深刻的詩思，更無法喚起美的情緒和精神內面的感動。

院子裡的蓮霧不像那麼大的體格
插上很多小茉莉那樣的花
性急的蜜蜂嗅到了就飛來
開始糟塌了蓮霧的花
我馬上寫信給海邊的妹妹

今夏　蓮霧的花開滿了
不久果實會結得滿枝
妳就決定六月回娘家好了
那個時候像新鮮的初夏的果實
妹妹啊　能再一次回復天眞的少女了

（蓮霧之花）

這首郭水潭的〈蓮霧之花〉，在語言的表現上，頗有特色，全詩充滿了淡淡的感傷氣氛，和優雅的抒情性，風物的配合心境的陳述也精巧而契合，可見出詩人的構思和匠心。比較前面兩首直接呈示情緒的作品，顯示了節制的感性和美的畫面，令人感到詩的魅力。

射在雜草叢生的防波堤上的陽光
無從發洩的無聊就是虎頭埤的夢

非本意要反逆虎頭山傳說的太公望們
無空卻空閑出來的散步者
肩上扛著鐵鍬經過那邊的姑娘們的謎呢

水流之間偶爾聽到爭水吵架而雨仍不下
農夫們想不出辦法集體去看水位在下降
從村子裡十三歲就被賣出去的女孩子
有一天被遊客逼來一起泛舟　便不知不覺地
流淚而脂粉脫落　被男人們竊笑

百合花盛開的時候　用面巾掩著臉
戴斗笠的女孩子　要陶醉芳香的餘暇也沒有
卻被都市反覆無常的娘子們亂摘而散

（虎頭埤）

這首超現實主義詩人李張瑞的作品〈虎頭埤〉，其表現用語就更顯得突出了，在題材上而言，此詩可視爲民衆詩之一類，但是其流動的，近似意識流的方法和思考，使詩的內涵隨著語言表現，而帶有飛躍性與象徵的空間，同樣使用了農村的景物、人物爲題材，卻更具現代前衛的性格。

總之，從戰前臺灣民衆詩的語言表現，也可看出民衆詩創作演進的軌跡，較早的二十年代登場的詩人，如賴和、楊守愚等，帶激情的、平鋪直敘的口語運用，到三十年代步入成熟期，鹽分地帶的詩人們，平易明白，漸行注意表現方法與形式構造，致力於深刻的詩內面精神之呈示，其努力確實有跡可循，也大大的提昇了戰前臺灣民衆詩的內涵和深度。

五

戰前日據時代臺灣的民衆詩，可納入詩史上寫實主義主流之一支殆無疑義。但嚴格說來，並未如日本在一九一八年前後一般，形成詩的流派，就連在三十年代，大爲活躍的鹽分地帶詩人集團，雖然留下多數的民衆詩創作，他們的寫實詩風卻包括了多樣的風格，並沒有刻意地對之加以提倡。因此，民衆詩可以說是衆多詩型之一種，其多樣多彩的題材，廣泛受到戰前臺灣詩人的運用，有普遍的被作爲表現的形式和素材之傾向。然而，民衆詩是產自鄉土大地的詩，其內涵和生活在本土本鄉民衆的脈動息息相關，特別是在日本統治下的臺灣，詩人透過各式各樣表現內容與主題，抒發出在飽受壓抑的時代中，民衆共同的心情和感情，其抵抗意識、現實精神的堅持，乃至庶民生活意識的呈示，以詩文學來記錄族群特殊的風物、風土等等要素，導致民衆詩人的精神顯示，確有足以代表當時民衆共同體精神的側面，從今日的角度來看，不能不說仍然具備著十分重要的意義。

【附註】

① 引用自福田正夫作〈關於民衆的意義〉一文。《民衆詩刊》八月號。大正七年八月出版。頁一～二收入《民衆》合訂本，昭和五十八年八月出版。東京冬至書房。

② 引用自松尾幸子作〈民俗學的發達和現狀〉一文。收入「民俗學講座」第五冊《民俗學的方法》一書。頁一二～一三。和歌森太郎編。昭和五十一年十月，東京朝倉書店發行。

③ 同上引用。

④ 引用自注①《民衆》合訂本《別冊》。井上康文作〈《民衆》創刊前後〉一文。頁四。

（刊載於「文學臺灣」雜誌十四號。一九九五年四月出版，臺灣高雄鳳山，頁一五四～一八一）

新詩精神的提倡與實踐

——「風車」的詩與詩人

一

戰前（日據期）臺灣新詩的研究至少包含兩個主要的課題，其一即詩史的考察——詩的形成、詩的流派與發展等，其二即詩的斷代特質的把握——詩內容、形式的變革等。特別是後者，若以詩史全體的角度來討論，則涉及外在形式（如口語自由詩到現代詩的展開）的軌跡追蹤、詩精神的特質（如抵抗與批判性格）的把握，最能顯示戰前臺灣新詩發展的關鍵所在。

臺灣的新詩從形式上來考察，早在出發期即多能擺脫外在形式（韻律）的限制，超越了如日本新體詩的階段、直接走入口語自由詩的樣態，但語言的變革依然是一個不能不面對的課題，所謂現代精神的把握、詩技的追求，也須借助西方新興詩潮和詩法之攝取、運用。戰前的詩人大抵是透過日本詩壇的動態來理解與汲取，頗能得到同步進展的效果。而在詩的特質（精神、主題）方面基於時代的狀況，寫實主義一直成爲主流更是不爭的事實，往往對於時代性、思想性的要求重於藝術性、純粹性的追求，形成意識重於詩質、不關心表現方法偏頗的現象，戰前現代主義的提倡與實踐經常受到誤解、忽視即肇因於此。戰前臺灣現代主義詩和詩潮無法居於主流地位、藝術派詩人的挫折，也是根源於此。

作爲戰前臺灣新詩發展史的一個軌跡「風車」詩集團的詩人走過的歷程，無寧可以視爲上述詩史中存在的「失誤現象」的見證，「風車」在其集結、活躍的年代（一九三三～一九三九年）大力推展新的詩精神（Esprit Nouveau），提倡超現實主義，並透過詩作加以實踐，得到相當的成功，可以說是臺灣最早的、異色的、力行現代主義的詩集團，可惜在當時、後來都沒有受到重視和應有的評價，再加上其集團內部同人力量的薄弱與失散、無法形成詩運動，因此只留下先驅者的足跡難以持續其在戰後之影響力，令人感到遺憾。

二

追溯風車詩社成立的背景，可以更加清楚地認識其在臺灣詩史中，持有的特異風格及突出的性格。從時代背景來考察，「風車」成立的時代晚於西方一九二〇年前後新興現代藝術思潮風起雲湧之際，也晚於日本詩壇現代主義運動「詩與詩論」大張旗鼓（一九二八年）之時期將近五年，臺灣本土則正處於相當開放的文學環境中，從一九三二至一九三七年間新文學雜誌和結社（如東京留學生的「臺灣藝術研究會」於一九三三年發行福爾摩沙、臺灣文藝於一九三四年創刊、臺灣新文學於一九三五年創刊）雨後春筍般出現，再加上日人創刊的報紙（臺灣日日新報、臺灣新聞、臺南新報等）提供發表的園地推波助瀾，文學家對於外地文學的高度關心（特別是日本和中國）諸條件的配合，擴大了作家的視野，提供了作家養份，刺激了作家求新求變的心情，「風車」詩社的同人於是一方面透過自身對世界新興思潮的攝取和理解、接受日本藝術派詩人的影響，對現代主義有了相當深入的理解與共鳴，一方面則由於核心同人楊熾昌成爲中心，透過其主持的臺南新報文藝欄充分相互交流，終於在一九三五年正式成立。

風車成立的宗旨乃是「……主張主知的現代詩的敘情，以及詩必須超越時間、空間，思想是大地的飛躍」①並且主張超現實主義，依楊熾昌的說法「……我體認文學寫作技巧方法很多，寫實主義必定引發日人殘酷的文字獄，因而引進法國正在發展中的超現實主義手法來隱蔽意識的表露……」②顯然有其苦心用意。當然風車同人對於同代文學狀況有其不滿「……但是當今的文學，思想陳腐、思考通俗，表現的只是滿腹感嘆，饒舌的文字，內容空洞、希望再加強……」③所以企圖透過技法的追求獨樹一幟創造出高度藝術性的詩。

風車的同人除楊氏外計有林修二、李張瑞、張良典、戶田房子、岸麗子、高比呂美等七人。代表的刊物風車詩刊前後只發行四期，內容則包含詩、詩論、散文、小說，每期印行七十五本係一十二開開本的雜誌。可惜今已不傳於世。由於同人的異色詩作與主張，風車詩集團在同時代顯得十分異質，曾因此受到批判、攻擊、引起論戰④，涉及的問題則不外詩的難解、耽美的性格乖離現實（藝術性與現實性的爭論）、方法的爭論（現實描寫和意象經營的不同）等，最後還是不了了之。

風車詩社的活躍時期並不算長，其出現到消失有如曇花一現，但其同人還是留下了各自的佳作，足以讓我們一窺其風格。

三

討論風車同人的詩與詩論，吾人不能不注意到同人與日本詩壇的關連，風車的同人中有三位日本人，其他的同人也都曾留學日本，當時日本詩壇正是現代主義（如一九二八年創刊的提倡主知主義的「詩與詩論」）乃至象徵主義新敘情詩（如一九三二年創刊的「四季」）管領風騷的全盛時期，風車同人自不免受到同時代重要詩人，如春山行夫、西脇順三郎、三好達治諸人的影響。也是透過日本詩壇之動向的把握，風車的同人才能清楚地掌握世界新興詩潮，自不待言。

風車詩社的中心人物、戰前臺灣最具代表性的超現實主義詩人楊熾昌當然也不例外。楊氏不只是傑出的詩人，也是犀利的評論家，從其一九八五年十二月刊行的隨筆論集「紙魚」即可窺知。集中從政治、社會、經濟、軍事，乃至文化、文學、記遊、人物視野之寬廣、論點之銳利、文筆之簡潔有力即足見出。以文學論言，「Esprit Nouveau與詩精神」一文論及新興藝術詩潮、日本的詩壇動向都有相當明確的概念和認識。「土人的口唇」一文則可清楚地見出其詩觀：

詩的形式和韻律的貧困、詩論的混亂與詩藝的喪失、詩壇如此地無氣概、被迫墮至此等境地，詩人自身有所自覺否？

在懷疑與不服之中詩人會踏步前進，新文學破壞了迄今存在的通俗思考、會創造出對其糾正的思考。

詩的才能必然由於詩之純粹性來表現其更加鮮烈的知性。詩所有的表現即感性的纖細和魄力、連想的飛躍成爲思考的音樂、廣具燒盡傳統的妙技。⑤

他的詩觀的中心與日本「詩與詩論」詩人如春山行夫所倡導的主知主義相當一致；

……「情懷」我認爲涉及知、情、意以及感覺的各範圍……人要進入創作的世界就有必要此種情懷的調和。……當時我關係的日本詩壇是辻潤、高橋新吉的達達主義，……「詩與詩論」春山行夫等……一種主知的現代主義的詩風，是在語言的躍動、尖銳的感覺、人生的野性味等方面可以說有其共通性。⑥

配合他的詩想，他的詩集「燃燒的臉頰」中收入許多精彩的短詩，意象鮮明、充滿新奇的想像、極具飛躍性：

嘴唇　含有POESIE的
誕生
在　BOHEMIAN式的早晨

（土人之唇）

灰色的靜謐叩敲了春意
薔薇花掉在薔薇園裏
窗下有少女的戀情　以及石英和剝製心臟的
MELANCHOLY……

（靜脈和蝴蝶）

這些短詩的氣氛令人連想及日本超現實主義的大家西脇順三郎的精巧的作品。

蒼白的驚愕
血紅的嘴唇喊出恐怖聲
風裝死著安靜下來的早晨
我的肉體滿是血　受傷而發燒了

（黎明）

此詩則令人想起日本新敘情詩人菱山修三的名作『黎明』：「我遲到了／世上的鐘響完了之後／我才到達／我早已受傷了。」當然比較他們的作品並不遜色。

風車的其他同仁的作品也都有著刻意經營意象的特色，且共通地對於自然風物有著興趣、顯示了淡淡的哀愁美、人生的倦怠感。

關上北窗
我從宇宙的音響昇華
頭腦悲哀的遊戲
白煙　紫的白
白和紫的煙追逐著

李張瑞（肉體喪失）

在忘卻海裏漂流的老酒味和女人色香
船長凝視的藍海白鷗飛翔著
……………………
擴散了的遙遠鄉愁啊
靜穆的山影上夕暉如玫瑰那麼紅

林修二（出航）

白貝殼的透明思念
砂丘孕育過少年的幻想
抱著秋風的憂鬱……

林修二（海邊）

拉著懷念小夜曲　孤獨飄然來訪
食指比中指還長的不可思議　情人的秘密　感觸著如今被蟑螂喫掉的反古
像斷弦的樂器　孤獨有如某種深切的表情　倚著沒有花的花瓶　整夜使我竊笑不得
想著禍福輪轉　悄然就上床了　孤獨穿越我的心　消失無蹤

張良典（孤獨）

上列的作品透過象徵手法的運用，往往以風物、心情的印象式的呈示表現新鮮的敘情，喚起讀者的情緒，十分成功。和日本四季派詩人如三好達治、丸山薰、立原道造、津村信夫等的風格極為相近，有透過西洋象徵詩技法來呈示東洋敘情的效果。

總之，風車詩社同人的詩作是以藝術性的追求為著眼點，以主知主義現代詩情的呈現為目標，縱然致力於超現實主義詩的實驗，作品中也可見其影響，但是由於理論建構的不足，其代表雜誌發行時間的短暫，同人力量未必完全發揮，再加上同時代詩壇的認識與重視不足諸多因素，終致無法成為巨流，只留下先驅者的足跡，對戰後臺灣詩的直接影響自然不大。

即使如此，風車集團的詩和詩人在提倡並實踐詩的新精神（ESPRIT NOUVEAU）上所作的努力，其意味依然極爲重大，能同步吸收新的詩潮、也留下不少代表作，在詩史上自應給予高度的評價。

【附註】

① 羊子喬「蓬萊文章臺灣詩」。頁四四引用。
② 臺灣文藝一〇二號，頁一一三～一一五「楊熾昌訪問記」參照。
③ 同上註①頁四五引用。出處待查。
④ 參加論爭者有島元鐵平、黑木謳子、楊熾昌、李張瑞等人。
⑤ 楊熾昌「紙魚」頁二四九～二五六本文參照。一九八五年十一月出版。
⑥ 同上頁二五八～二六二「土人的口唇」本文參照。

楊熾昌・風車詩社・日本詩潮

——戰前臺灣新詩現代主義的考察

一

相類似於韓國和日本的狀況，臺灣的新詩，可以說從開始就具備有接受「橫的移植」——亦即外來詩潮影響——的宿命。臺灣新詩的出發，乃是基於對沒落的古典漢詩之反動志向，而其力圖達成新形式、新內容的要求，自然地，必須透過新技法、新精神的洗禮和變革。臺灣新詩發展初期，張我軍努力引進中國五四運動期間受西方影響的新詩潮，楊雲萍翻譯過泰戈爾的詩，以及報紙、雜誌具有介紹島外浪漫、抒情詩的高度興緻，即可見一斑。但，臺灣新詩眞正地導入和接受現代主義的時期，卻遲至且有待一九三〇年代「風車詩社」的結成。這固然是由於戰前臺灣新詩的主流，寫實主義的發達，造成現代主義多少受到忽視的結果，但也有必須等待成熟的時期到來的因素。一九三〇年代的臺灣文學界之氣氛，諸如文學活動（包括文學雜誌的刊行）的活潑化，文學作家進軍世界文壇的強烈企圖心，臺灣文壇熱切地想接受世界前衛文藝的變革、心情等等，所謂戰前成熟期的文學環境，才是關鍵的所在。也因此，風車詩社的詩人群，居於一種明顯地，和同時代既存的寫實主流——鹽分地帶詩人群，對照性的地位之存在，其對於現代主義的堅持和實踐，特別具有歷史的意義。其作爲既有對抗本地傳統的文學流向的誘因，亦有敏感地把握同時代主流文學之精神與思潮，和世界詩、詩潮同步並行的誘因，風車詩社詩人所抱持的鮮烈的文學前衛意識，詩作中所顯示的對現代主義精神的理解與掌握，當然足以作爲考察戰前臺灣新詩在進行「橫的移植」實驗過程中的典範。

文學的變革，通常是具有發端、開始的意味——新奇的、先驅的、前衛的東西的發端——經由此種發端而發現新的可能性。詩的變革亦是相同，經由一時期、一時代的發端，提出作品，孕生新的傾向，形成新的價值。而導致此一發端，亦即接受新興詩潮的方式，其模樣大抵有順應（adaption）、併存（pluralism）、反撥（reaction）、習合（syncretism）的差別。就詩人個人言，則從僅止於模倣、影響，消極的接受容納的姿勢，到吸收、融會、創造，積極的主動的姿勢，也有所差異。風車詩社的場合，由於當時臺灣詩壇具有等同於日本詩壇的性格之一面，順應、習合的可能性極大，可說毫無問題，因此在試行詩作、實驗的過程中，實也含有不少創造的契機。而前述的，與本地詩壇主流鹽分地帶詩人、寫實主義詩風併存，乃至遭遇同時代不少文壇人士的批評、反撥，①引發新詩論戰，更可見出臺灣新詩現代主義形成與發展過程中，產生阻力的一面。以詩人個人的立場而言，則風車詩社的詩人，雖然共通地，顯示了受到同時代日本、世界新興詩潮的洗禮，其各取所需的滋養，形成的風格卻各自不同，終於能呈示出多樣化、多彩的風貌。基於上述雙重的變革性格，對風車詩社的詩和詩人，其變革的志向、變革精神的把握與理解，顯示的成果，乃至其在整個戰前臺灣新詩史位置的考察，當然極具意義。

本論文意圖從風車詩社的集團傾向，以及參與詩人的個人風格，來考察戰前臺灣新詩接納現代主義背景——特別是其和日本新興前衛詩、詩潮的相互關連——，以呈現臺灣新詩史上，初次導入現代主義之際，順應、習合的方式，並透過對其關鍵性的主導詩人楊熾昌（水蔭萍）的詩和詩論之分析，探討戰前臺灣現代主義新詩的模樣、輪廓，來凸顯戰前臺灣現代主義新詩的諸特質，並探尋其可能的歷史定位。

二

要理解戰前臺灣新詩壇，初次接納現代主義的相關諸問題，首先必須理解的是當時臺灣所介在整個文學環境與狀況，也即是當時具有那些導入現代主義的成熟條件或時代動因？以風車詩社爲例，主要的問題、大前提則是風車同人當時所感受的文學氣氛，所掌握的文學訊息，他們對於世界文學的看法和認識、認同的方向（即現代主義的內容的認識），和執意於導入、接納現代主義的動因。依照林佩芬編〈楊熾昌年譜〉所記：

> 民國二十四年（一九三五年），二十七歲，與張良典、李張瑞、林永修等人合組風車詩社，並發刊詩誌「風車」。②

其實，此一同人的組合，早已透過前一年楊熾昌就任《臺南新報》文藝版編輯，在報上發表作品，作爲相互交流的契機。但更值得注意的卻是，這些主要同人均有過留學日本的經驗，可確知的年代大抵在一九二九——一九三五年之間（如楊熾昌在一九二九年赴日，一九三一進入日本文化學院，林永修在一九三五年進入慶應大學就讀）。不只是敏感的文學青年時期在日本渡過，深深受到日本當時文學環境的薰陶，沈浸其中，而且有其參與同時代日本國內前衛詩誌活動的經驗，發表詩作的文學歷程（楊熾昌加入百田宗治主持的《椎の木》、北園克衛主持的《詩學》、及《神戶詩人》等發表作品，和新感覺派作家也有往來。林永修則曾在慶應大學校刊《三田文學》發表作品）。他們必然十分熟知當時日本文壇所追求的前衛文藝的傾向，也能透過日本文壇的動向觀察、理解、認識當時世界文學的主流，特別是詩的主流方向與內涵。這一得自外在的、開放的文學環境與文學認知，帶給風車詩社同人巨大的共鳴，比起一直居於臺灣島內的作家，更使他們具備有奔向前衛性文學的靈敏嗅覺和先決、充分的條件。

更進一步，來看看一九二九~一九三五年間，他們所沈浸的當時日本的文學環境，領先的文學主流傾向，則可以歸納出風車詩社追求的詩風和傾向，理解他們對世界文學流行趨向的認知和認識。在歐美於一九〇九~一九二五年吹起的現代主義，各色各樣的新興詩潮流派，包括了未來派、表現主義、意象派、達達主義、超現實主義、新即物主義等等，多數不只具有尋求新的文學、詩表現技法的更新和超越之要求，還高舉實踐新的詩精神（espirt　nouveau）的理念。而在日本則要遲至一九一九年才有眞正前衛詩的實驗試作出現（即山村暮鳥的〈風景〉一詩〉，③其後對於未來主義、象徵主義、立體主義、達達主義、表現主義、意象主義，在大正期間不遺餘力的加以介紹，至遲在大正一〇～一五年間已成爲流行的風潮，當代文學的主流，顯示了初步的成果。因此，進入昭和初期，才有呈示日本新詩現代主義初步的完成，集結了摩登、前衛詩人群的「詩和詩論」集團和他們推動的追求新的詩精神的運動。「詩和詩論」活躍的時間，正是昭和三年到六年（一九二八～一九三一）重要的成員有春山行夫、安西冬衛、北川冬彥、西脇順三郎、北園克衛、瀧口修造、村野四郎等人。「詩和詩論」集團，基於其具有集結當時主要的前衛詩人，含各流各派大融合的混雜性格，雖以主知主義來統一其詩觀，事實上分爲三大傾向，即形式主義方向、超現實主義的方向和新即物主義的方向。而其最大的成果則顯示在超現實主義詩和詩論的實踐、實驗及引介。昭和六年，「詩和詩論」以內部的詩觀分歧，宣告解散，主要的成員卻依然各自實踐其個人的現代主義追求，堅持不斷。而承續「詩和詩論」之後，管領昭和十年代（所謂昭和詩的第二期）現代主義主流詩風的，則是昭和九年成立的「四季」詩派。四季詩派所追求的方向，一言以蔽之即：「日本傳統精神和歐洲象徵詩精神的交叉點。」主要的同人有三好達治、丸山薰、中原中也、立原道造等，他們的詩風具「宇宙志向」的形而上色彩，溫和的中產階級氣氛，善於透過虛構的形式，以自然物象爲媒介來追求美，達成純粹的表現。可以說，在昭和初期先後相繼興起，此兩大詩潮支配了昭和十年代日本詩的走向，亦即風車詩社主要成員先後滯留日本的時期，相當地左右了他們步入文學成熟階段（從青春到成熟）的文學品味、文學認知，也由於沈浸在此種文學主流思潮中，他們敏感地，洞察世界文學的最新動向而邁開大步追隨。因此，以整體的角度來看，風車詩社透過對昭和初期日本新興前衛詩、詩潮的吸收、實踐試作，捲起新風潮的熱切心情，乃是成爲導入臺灣最初的現代主義新詩流向的一大背景，殆無疑義。如後述，基於風車詩人各自的偏好，攝取的方向、重點自亦各有偏頗，然而，諸多現代主義的流派中，似隱約可見超現實主義（即「詩和詩論」集團致力的方向）和象徵主義（即「四季」派致力的方向），成爲他們詩人全體著力的方向，影響最深。

日本和世界的文學狀況，如果是培養「風車」詩人提倡現代主義詩、詩潮的外在大環境的話，當時臺灣內部的文學環境，亦即促成風車詩人大力鼓吹、導入新的詩精神（esprit nouveau）的內容動因，亦值得探討。文學變革的形成和催生，大多有其反逆內部既成文壇、文學走向低迷不振的基因，由此產生求新求變，標新立異的要求，或有其反逆無法忍耐的，當代文學精神庸俗化的強烈願望。正如日本「詩和詩論」集團在昭和初期成立，是爲突破大正中期以降當代詩壇的荒廢現狀，標舉前衛詩風，用以糾正占有當時詩壇主導地位的主情詩派和民衆詩派的詩流於空洞、散漫的現象，開拓新的詩紀元。「風車」詩人在其文學、詩變革志向中，也包含了詩人的自覺意識和使命感，自不庸贅言。

……當今的新文學，思想陳腐，思考通俗，表現的只是滿腹感嘆，饒舌的文字，內容空洞，希望再加強……

……今日島上的詩人需要有敏感的觸鬚，感覺世間的事物，對於歷史的體認最重要。

如果感覺不深入，就像野獸的思想湧現出來一樣。④

此種帶有批判和省察的心情，內含有對當時臺灣詩壇既成現狀的不滿，自然是促發他們提倡新的詩精神，企圖刷新詩壇的一個重要、內在的動因。除此之外，比較特殊的卻是他們對自身時代狀況的顧慮，意識到被殖民統治下的現實，才產生的臺灣詩人的苦悶與曲折心境。

……在臺灣文學百花盛開的當時，筆者不客氣地向每一位文學工作人士提出質疑；發揚殖民地文學與政治意識的可行性，新文學的定義、目標、特色表現技巧等等。當時筆者認為，唯有為文學而文學，才能逃過日警的魔掌……⑤

……我體認文學寫作的技巧方法很多，寫實主義必然引發日人殘酷的文字獄，因而引進法國正在發展的超現實主義手法來隱蔽……⑥

上述風車詩社的主導詩人楊熾昌的感言，也許可以顯出戰前臺灣前衛詩運動發展過程中一種內含的困境，所謂「為文學而文學，才能逃過日警的魔掌」「引進法國正在發展的超現實主義手法來隱蔽」的說法，令人感受得到，當時受到政治壓迫的文學者沈重的喘息，借文學的暗喻逃脫政治的陰影，企圖飛翔在自由自在的心靈、精神世界，那也正是詩人抵抗現實，面對自我真實十分無奈的方法，「……在潛意識的世界裏，以夢幻的感應與自由連想，爭脫現實的桎梏……」⑦引入現代主義密閉的美學，放棄注視外界的寫實，赤裸裸表現的方法，也正是詩人回歸自身，容許、獲得可以無限制地擴大「內裏表現世界」的一種方式。基於此種尋求詩人內面自由的動機，正足以見出夾在政治的隙縫中，戰前臺灣現代主義詩人努力往內面世界沈潛，尋求心靈絕對自由的強烈渴望。比之前述的，對於外在詩壇發生變革的志向，此一動機（背景）實在是更充滿了對應於自我精神、內在變革的志向。

三

上節已大略地論究了風車詩社成立的外在和內在諸條件，風車詩社詩人執意追求、提倡新詩現代主義的個人、時代背景，風車詩社詩人透過日本前衛文學的體認，可能掌握、理解當代世界前衛詩、詩潮訊息的理由和前提。接下來，擬從風車詩社詩人的詩觀、作品（文本）來考察其提倡、導入、容納現代主義過程中的諸問題。特別置重點於風車詩社詩人受到日本新興前衛詩潮、詩影響的實際狀況，以及戰前臺灣現代主義新詩可能呈示的獨特風貌的探究兩個重點上。

首先，透過風車詩社的主導詩人楊熾昌，其詩論和詩，來探討其與日本新興前衛詩、詩潮之關連。

前面已述及楊熾昌曾在一九二九（民國十八、昭和四）年赴日本留學，而在一九三四（民國二十三、昭和九）年才返臺。其文學青年，爲期五年的日本體驗——諸如結識代表當時日本前衛文學新感覺派的作家龍膽寺雄、岩藤雪夫等人，參加前衛詩誌《椎の木》、《神戶詩人》、《詩學》活動並發表作品——。還有，對當時日本成爲主流的新興前衛文學的深刻認知，透過日本對世界文學——特別是超現實主義——的理解和認識等等，對其後來的文學、詩人生涯當然有著巨大、決定性的影響。他曾對自己文學觀、詩觀的養成和日本前衛文學的關連，作過如下的回憶與說明。

……當時，我關係的日本詩壇是辻潤，高橋新吉的達達主義，破壞了詩的形式，否定了既成的秩序的運動。《詩和詩論》的春山行夫、安西冬衛、西脇順三郎等打出了在超現實主義系譜上開花的詩，賦與新的意象和形式，一種主知的現代主義詩風，是在語言的躍動，尖銳的感覺，人生的野性味等方面，可以說有共通性。這種暴風吹襲了詩壇是自然的現象。⑧

從此段自述，我們已略可得知，楊熾昌對同時代日本新興前衛詩、詩人的理解，也顯示了他對現代主義共感共鳴的文學品味。在此特別作一說明，其中提起的詩人高橋新吉，乃是大正一二（一九二七）年出版《達達主義者新吉的詩》，一九二〇年代大力提倡、實踐日本前衛詩運動的先驅者。對於他，著名的詩人佐藤春夫曾作過如下的批評「……高橋的藝術和生活乃是對不徹底的庸俗幸福以及學究式的藝術形態徹底的挑戰與反抗，……他具有顯著而鮮烈的個性。」⑨至於三位《詩和詩論》的代表詩人，春山行夫是《詩和詩論》的主編，主知主義的提倡、實踐者，他的形式主義詩的試作曾在當時的詩壇投下巨大波紋，他對西歐現代主義的深入研究，如後述，對楊氏也引起極大的啓蒙作用。西脇順三郎，則是當時日本導入西方超現實主義的大師，本身更是卓越的超現實主義理論家，詩作者。他的詩對楊氏而言，也可見出具有明顯的影響。安西冬衛，早期是短詩運動的提倡者，經歷各式各樣前衛詩的實驗試作，是當時最具現代主義摩登色彩的詩人，他的詩表現了強烈的幻想性，善用異質的意象，具暗鬱的官能感覺。相較之下，我們也不難發現，楊氏詩作的某些特色，和安西的作品傾向十分接近。僅憑上列楊氏的自述，來對照他所提起的日本前衛詩人的風格，已可推測楊氏的文學養成過程，是通過了達達主義以降，各種現代主義流派的理解，有相當堅實、正確的修練和把握。爲了更進一步的確認楊氏文學形成所背負的日本背景和日本影響，筆者擬透過他遺留的若干重要文學論著爲線索，來加以印證、說明。

楊熾昌在一九三〇年代，「風車」現代主義詩運動的高潮期，曾寫下幾篇精彩的文學、詩論，依時間順序是：〈土人の口唇〉（一九三四年三月）、〈ジョイスアナ——ジエムス・ジョイスの文學運動〉（一九三六年三月）、〈エスプリ・ヌボオと詩精神〉（一九三六年五月）、〈孤獨の詩人・ジャン・コクトオ〉（一九三七年十一月）。就中最能顯示出他對日本前衛文學、詩、詩潮的見解的當推〈エスプリ・ヌボトと詩精神＝新精神和詩精神〉，在這篇論文中，他詳細地說明了二十世紀文學追求的新精神，溯及西方現代主義諸流派的源起，而對日本的新興前衛、現代詩潮更有追本溯源的論述，其中的一段：

> ……春山（行夫）氏的詩論裏所云「自由詩因是詩而死滅，是由於其非散文所致」，詩人說他是在追求自己也判然未明的東西的人，此決非詩人的恥辱。⑩

配合他文中對《詩和詩論》的肯定，也再度證明了他對春山文學的共鳴，《詩和詩論》傾向的理解與認識。最能顯示他對西方現代主義之理解的一篇則是〈ジョイスアナ——ジエムス・ジ

ョイスの文學運動═喬伊斯（James Joyce）的文學運動〉，文中他以喬的代表作《Ulysses》展開論述，再三的提起日本的相關研究的重要性。

……爲了解喬，春山行夫的巨著《以喬爲中心的文學運動》，乃是研究他極好的必備書籍。……內容龐大此一著作乃是理解喬的關鍵，輝煌的大作。

……讀了此書，首先浮現在腦海的是西脇順三郎教授的大作《歐洲的文學》……可以說，再沒有比此書（指春山的喬論）那樣地詳論歐洲新精神的著作，看起來，十分類似於西脇教授的批評態度。⑪

事實上，春山、西脇諸氏，亦即前面所述及的《詩和詩論》主要的同人，對西歐現代主義文學導入，多數基於自身學習、吸收西方文學表現技法的需要，經過愼重的選擇，而採取有系統、深入的介紹。如喬伊斯即曾在「詩和詩論」集團的代表文學刊物《文學》上作過特集，刊載了十七篇相關的論述、研究文章，可以推測楊氏經由類似的途徑，獲得現代主義文學的相關訊息，也因此對現代主義能有較爲深入的了解。大抵上，通過對上列論著的檢證，足以發現楊氏對日本新興前衛詩、詩人的傾心和偏好。而顯然地，透過日本文壇作爲媒介，他有可能間接地，吸收了西方多彩多樣、新興現代主義文學的精神，對大正以降，日本大力引介過的，諸如波特萊爾、藍波、阿波里奈爾、高克多、魏爾倫、里爾克等現代主義大師的文學，應該都十分地熟知。奠定下他日後在臺灣，提倡、引介現代主義，並以身力行、實踐創作之雄厚基石。

楊熾昌經由自身實踐，及他所主導的風車詩社的提倡，所引入的現代主義具備的內涵，我們可以透過他的文學論、詩論來加以把握。比如說前所述及，他的〈新精神和詩精神〉一文，除了對西方、日本的新興前衛、現代主義詩、詩潮作一系統地鳥瞰外，也多處提示了他的文學觀：

……這一群人，立基於新的詩精神的美學觀是，同歸於內在的形而上學，從自身內部喚醒美的基準，而且是以影響「其他」的想像力來表出。⑫

此一往內部沈潛的美學觀，也可發現楊氏會傾心於純粹詩、著重在表現內裏深層的前衛文學之精神基盤。楊氏文學論的精神，則在其超現實主義詩論，他對超現實主義的理解，略如他所述：

超現實主義是純粹的無意識活動，依無意識的活動而通過語言、通過文章，或其他的方法，表現內心的眞實動向，同時，不受理性的督促，完全遠離審美的、邏輯的煩惱所作的敍述。⑬

而風車詩社成立的主旨則是：

主張主知的現代敍情，以及詩必須超越時間、空間，思想是大地飛躍……。⑭

都可見出相當明快、清晰的論點，所謂「內心眞實動向、思想、敍情」的強調，顯然地，他所欲追求的詩、表現並非無意識的、空洞的，僅只止於表層或技法而已。無寧是企圖假借技法來創造高度的藝術詩。

在楊氏爲數不多的詩論中，我們也可看出其和日本前衛詩論的淵源：

……情懷這一語言，我認爲廣涉及知、情、意以及感覺的各範圍。人要進入創作的世界，就有必要這種情懷的調和，不涉過情懷的大河就無法達到。⑮

此一觀點對比於西脇順三郎的詩論實有異曲同工之妙：

……人的感情的力調和自身，恰如氣象般地運動。……人的感情流動採取調和的形態，在其規範中美感是主要之物。……調和固有的感情傾向人將現實變形爲詩。⑯

楊氏的詩觀還有，諸如：

在懷疑不服之中，詩人會踏步前進，新的文學會破壞迄今存在的通俗思考，會創造出對其修正的思考。

詩的才能，基於詩的純粹性，必須成爲生動的知性表現。詩持有的一種表現即感性、魄力，連想的飛躍成爲思考的音樂，必須持有燃燒文化傳統的巧妙技法。⑰

從這些論點，也可看出他和「詩和詩論」詩人所提倡的主知精神、純粹詩的觀點有一脈相通的地方。

楊熾昌的詩論導入了前衛的、追求新的詩精神的觀點，殆無疑義。可惜的是，多屬偏向於新興藝術、文學的一般論點，看不到他有系統深入的超現實主義詩論。但在當時臺灣的詩壇，應已屬難能可貴，且不免被視爲異端，引起批判和爭論。不管如何，他輾轉自日本引進的前衛詩觀點，終究能爲當時的詩壇注入新風。風車的詩人群，正是大力地推展、支持這一新的詩精神的先鋒。他們的詩作大都具有實踐現代主義的意圖，從模倣、受影響慢慢確立自身的風格，此一歷程，似乎也是一般開風氣之先的文學、詩運動倡導者必經之路。而居於風車詩社主導者的楊熾昌，他的詩作實踐，在當時被視爲一種實驗或異端，一方面顯得格格不入，一方面必也顯示了新鮮的魅力，可以推想而知。實際上，楊氏的前衛現代主義詩作中，也有看得出受到日本前衛詩影響的所在。如：

　酒歌裏的　月亮了
土器的音響和土人的
嘴唇　含有poesie的
誕生
在這bohemian式的早晨
被翻覆的寶石一般的早晨
有誰在門口
和某人低聲細語
那是
　神的誕生的日子

首段的楊氏的詩作〈土人之唇〉，次段的西脇順三郎的名作〈天氣〉，主題雖不太相同，其句法顯然相當地類似，在表現的方式上頗有異曲同工之妙。

由於蒼白的驚愕
眞紅的嘴唇喊出恐怖的聲音
風假裝死著　安靜的早上
我的肉體滿是血　受傷而發燒了

我遲到了
世上的鐘聲響完之後
我才到達
我早已受傷了……

首段是楊氏的詩作〈明夜〉，次段是菱山修三的詩作〈黎明〉，不難看出其在表現上，詩感受上的近似所在。

秋霧以柔軟的花卉擁抱街燈
憎恨和悔疚
都在流動的微光裏
讓臉頰因高度的孤獨而燃燒

秋霧以柔軟的花卉擁抱街燈
比憎恨比悔疚還接近
落葉流瀉　在手和手之間
臉頰如同芒穗般光亮

首段是楊氏的詩作〈燃燒的臉頰〉中的一節，次段則是北園克衛的詩作〈行人道〉全篇的引用，不管在用句，行數，意象上，兩首詩都顯示了十分的雷同，比諸前面兩首詩的近似關係，是實驗創作過程中的「影響現象」，這一首應是屬於一種「模倣的現象」。當然，也可以將其視爲是，移植過程中所進行的實驗，無可避免的現象。避開上面所列舉的少數具備模倣、影響傾向的作品不談，楊熾昌的重要詩作都可算是相當的成功，他不只擁有高度的表現技法，能巧妙的操作語言，呈示繁複的意象，塑造豐富多彩的詩世界，而且十分能發揮詩人敏銳的感性和知性，深入內層精神世界，自由創造、想像和飛翔，以異質而鮮烈的敘情性，鑄造出迷人的詩氣氛。楊熾昌作詩的本領即在於他能融合超現實的切斷、連結的技法和象徵主義的官能感覺，表現饒富魅力的情念和幻想的詩境——亦即深入內心深奧的潛意識世界去表現——。如〈尼姑〉一首即是最佳的例子。

年輕的尼姑　端端把窗打開／夜氣執拗的襲來　端端伸出白的手臂／擁抱胸部在可怕的夜氣裏　神壇的偶像／還那麼嚴肅的笑著　端端的眼神跟著夜色更冷徹／影子靜下來了／燈盞燃燒一個晚上

在夜的秩序裏　喫驚的端端　走過性的後路／我的乳房　爲什麼不像別的女人那麼美　在我的眼窩裏／爲什麼只映著被遺忘的色彩而已

紅色GRASS的如意燈繼續在燃燒　青銅色的鐘　漂浮著冰冷的ESPRIT　尼姑庵的正廳　像停車場　那麼冷靜

在紅彩的影裏　神像搖動了／韋陀的劍閃閃光亮著　十八羅漢騎上神虎

端端以合掌的姿勢　失神而倒下去

跟著黎明的鐘聲　端端站起來　線香和香薪的煙

濛濛湧上　端端坐著　哭了／唸經的聲音傳來一陣子

阿母呵　阿母呵／端端把年輕尼姑的處女性　獻給了神

這首詩，以蘊藏在女人內心深處的欲情（情念）爲表現的主題，透過虛實相互交錯的場面（如尼姑的現實，幻想交錯描寫）來表露，詩中運用了象徵、意識流（切斷、連結）的技法與媒介物象（如劍、羅漢、鐘、乳房、燈），構織出訴諸感官（色、香感覺）的多彩世界（如夜色、白的手、線香、紅彩、冰冷），明與暗、靜與動的對比，抑制和解放（如冷徹、嚴肅的笑、失神的情態）的照應均十分成功。楊氏在詩中呈示了東方的（結尾回歸抑壓，獻給神），可堪哀憐、庶民的女人像，超越表現技法的次元，已注入堅實的抒情和思想性格。確實是一首異色的耽美傑作。在此詩中，我們既看到作者爐火純青的、得自「橫的移植」的詩法，也可發現作者企圖掘出「內心的寫實動向」、「抒情」和「思想」「超越時空」等要素，完全吻合了作者自己要求的（如本論文第三節所述）詩理念。

四

如同楊熾昌的詩和詩論，可以顯影風車詩社在導入現代主義之際，順應和習合的過程、模樣、問題點，風車詩社其他同人的作品、以「個的」存在來看，由於各有特色，自亦可作爲研究的對象，只是，風車詩社是一個少數人的集合體，面臨的問題大抵相差不多，前面也提及，他們均具備了共同移植日本文學經驗的背景，以此作爲基盤去接納，或各取所需、各有所宗，進一步發展出濃烈的現代主義傾向，並試行創作。底下，擬透過若干作品的比較、分析、略加探討。

楊熾昌的場合，其詩論可資參考，同時其作品呈示出，接受過多樣多種的詩潮、技法洗練、善加融合的痕跡，就中以超現實主義和象徵主義影響最大。而其他同人的詩作略見不同之處，則在風格比較單一。但，似乎也顯示出同樣交錯綜合的影響痕跡。偏向則輕重稍有差異。以筆者私見，楊氏的根據，核心爲超現實主義，其他同人則以象徵主義爲依歸。林永修的詩正是典型。

在忘卻海裏漂流的老酒和女色香

船長凝視的藍海白鷗飛翔著

〈出航〉

黃蝶翩翩飛過小徑
小徑延長經過白樺林

〈在高原〉

我的瞳光
在黃昏味裏如夜光蟲發亮了一陣子

〈黃昏〉

在我看不見的　暗闇遠遠的地方
凝視著的海鷗在鳴叫著

丸山薰〈燈歌者〉

兵士持著旗
驢馬搔響著鈴

楊熾昌·風車詩社·日本詩潮

立原道造〈小談詩〉

我的傷　持續著憤怒
向著美麗的枝椏伸出手

立原道造〈風吟唱之歌〉

從上面羅列的詩句，共通地，可以感受到充滿自然的景色、風物的畫面，流瀉著哀愁和感傷的氣氛，正是日本「四季」派詩的特色。前面業已提及，詩人林永修留日期間，正值四季派成立的第二年（一九三五年），必然留下深刻的印象。四季詩人善於「寄物陳思」，借物來寄託內面的情緒（如孤獨感、喪失感），採用收斂「物」和「形體」的映像來呈示「美與純粹」，嗜好捕捉追憶情緒，運用象徵主義的感覺（如彩色、香味、聽覺）美學，表現「一種精神氣氛」。林永修的〈海邊〉就是其中成功的傑作。「藍色海風穿過肉體的拱門／甘美的潮香靜寂地沾濡了我乳白的夢／白貝殼的透明思念／砂丘孕育過少年的幻想／抱著秋風的憂鬱」短短的小品形式，自然風物的呈現，思念、回憶的情緒，散發著淡淡的詩的芳香。

張良典、李張瑞的作品也顯示濃郁之象徵和抒情的性格。但是，張氏的詩帶有強烈的感傷情緒，李氏的語言則比較具陽剛美，如「關上窗／我從宇宙的音響昇華／頭腦悲哀的遊戲／白煙　紫的白……（肉體喪失）」，特別是，他有些詩，能成功地把臺灣的風土溶入其中，更顯出了獨特的風貌和意義。

射在雜草叢生的防波堤上的陽光
無從發洩的無聊　就是虎頭埤的夢啊

非本意要反逆虎頭山傳說的太公望們／無空閑　卻空閑出來的散步者肩上扛著鐵鍬
經過那邊的姑娘的謎呢？

水流之間偶爾聽到爭水吵架　而雨仍不下／農夫們想不出辦法集體去看水位在下降

從村子裏　十三歲就被賣出去的女孩子／有一天　被遊客逼來泛舟　便不知不覺地
流淚而脂粉褪落　被男人取笑

百合花盛開的時候　用面巾掩著臉／戴笠的女孩　要陶醉芳香的閑暇也沒有　卻被
都市反覆無常的娘子們亂摘而散落

這首詩中，同樣地採用了寄託物象，呈現自然風物的方式，卻以臺灣鄉里的景象爲背景、沒有形而上的思考，充滿了生活感情的表現，比之四季派的象徵詩風和氣氛，大爲不同。他的詩作〈這個家〉「……在院子的柚樹下　追憶已死了／這個家的傳統疊積著……長衫的姑娘就連明朗的額也暗淡下來……」也呈示了同樣的鄉土情懷。可見出詩技法和民俗精神的融合。

綜合來考察，風車詩人的作品，是屬於華麗、講究技法、表現的詩，多數帶有形而上的思維，具繁複的意象，多彩的幻想和想像，善用超現實或象徵的手法，來構織甜美、耽美的世界，饒富魅力。他們以日本爲媒介導入西方的現代主義詩風，在當時被視爲玄奇怪異、脫離現實，是異端之作。以今日的角度來看，卻依然能維持其濃郁、芳香的詩味和詩質，保留高度的藝術性及純粹性，相當經得起時間的考驗，可以說是耐人尋味的詩。

五

以楊熾昌爲主導的，風車詩社的詩人，首次爲臺灣新詩壇引進摩登的現代主義詩風，通過實際的創作，他們居於開風氣的先驅者地位，是不會動搖，也無法忽視和否定的。風車詩社的詩和詩人，在其同時代和戰後，都未受到應有的評價與肯定，特別是戰後，甚至一時忘懷了他們的存在，不免令人感到遺憾。今日，對於風車詩社的詩和詩人，作一歷史定位之際，筆者私見以爲，至少必須考慮以下兩點。

1. 風車詩社的評價問題。風車詩社的詩和詩人，破天荒地，首度爲臺灣新詩壇導入現代主義前衛詩與詩論，擴大臺灣詩、詩人的國際視野，也喚起臺灣詩人對詩表現形式的重視，他們的創作實驗更提供了示範，貢獻良多。但是，也有其界限，首先是，他無法全盤地吸收西方新興詩潮的精義，如前所述，偏向於超現實主義和象徵主義，對於理論和創作的引介，也極其片斷，難以系統化，更不能匯集成爲雄厚的文學遺產，對後繼者的啓蒙，因而十分有限。其次，由於當時參與者人數不多，時間不長，代表刊物的發行數量極少，又無法持續（甚至已散失），僅能止於小人數的集結，沒有太多的開展，自然難以形成文學運動，擴大其影響力。

2.風車詩社在其後臺灣新詩史上的定位和意義。風車詩社在戰後，由於整個文學史產生了斷層現象，又基於上述本身存在的界限，對戰後詩人並未直接有所影響。但，進入八〇年代，本土化的浪潮高揚之際，也重新受到肯定，饒具精神意義。而以其作爲考察臺灣新詩變革、「橫的移植」的典範，則其經歷的順應與習合（如前面論及，風車詩社的集團和個人對前衛文學導入、引介、實踐相關諸問題）、併存與反撥（如同時代的排斥、不同詩風的並立、評價諸問題）等接納方式，樹立了頗多的理則（詩史演變的法則？）值得一提。戰後臺灣新詩的現代主義推展運動，已有另外一番氣象。接受現代主義的各個層面也好，理論和實際創作也好，既深且廣，較諸戰前的「風車」，可謂遠遠超越。舉其大者，如林亨泰氏主導的「現代派運動」，創世紀詩社主導的「超現實主義」、「純粹詩運動」，笠詩社更進一步主導「新即物主義、新現實主義、新表現主義」運動乃至綜合性地、全盤地，對前衛文學加以引介和發揚，企圖消融、納入本土文學血脈中。但是，顯然地，在移植過程中，依然遭遇到諸多共通的問題，如作品從導入、介紹、模倣、影響到獨創的問題。基於時代、政治的動因帶來詩人的精神苦悶等等。⑱可見風車詩社「橫的移植」的模式之確立，仍有其詩史的、長遠存在的意義。

【附註】

① 當時風車的詩風曾引起爭論，發生數次詩論戰。參見羊子喬著《蓬萊文章臺灣詩》頁四四。民國七十二年九月，遠景版。

② 參見林佩芬作〈楊熾昌年譜〉，刊《文訊》第九期，頁四一四。一九八四年三月。

③ 〈風景〉採形式主義，重複一行詩句的手法。關於日本前衛詩運動始末，可參見筆者所著《詩和詩論研究》一書。民國七十九年六月臺北出版。

④ 參見〈楊熾昌訪問記〉，臺灣文藝一〇二號。頁一一三～一一五。

⑤ 同註②參見。林作〈永不停息的風車〉一文。收入《復活的群像》，林衡哲等編，一九九四年六月前衛出版。頁二九八～三〇〇。

⑥ 同上參見。

⑦ 同上參見。

⑧ 參見楊熾昌詩集《燃燒的臉頰》後記。笠詩刊一四九期，七八年二月出版。頁一三二。

⑨ 參見筆者譯註《日本抒情詩選》頁九一。六十六年十月臺北出版。

⑩ 參見楊熾昌日文版隨筆《紙の魚》，〈詩精神和新精神〉引文。一九八五年十一月出版。頁二四九～二五七。

⑪同註⑩參見。頁二四一～二四八。

⑫同註⑩參見，頁二五四。

⑬同註②林作參見。頁二九八～三〇〇。

⑭同註①，引用羊子喬書，頁四四。

⑮同註⑧引文。

⑯村野四郎編《現代の詩論》，頁八一，西脇順三郎的詩論〈PROFANUS〉引文。一九五四年十一月東京出版。

⑰同註⑩參見，頁二五八～二六二，〈土人的唇〉引文。

⑱比如：主導戰後「現代派」現代主義運動的林亨泰氏，對自身發起「現代派」的內部動因，曾作過如下的說明：「當時臺灣詩人所渴望的是，能容許他們擁有充分自由性表現的自由，詩人不約而同地尋求能提供他們更自由天空的文藝詩潮，這是自然的趨勢。這就是現代派運動的近因」。可見引入現代主義的內在動因，包含時代、政治的因素。如本論文第二節所指出，風車詩社的主導者楊熾昌氏也有過同樣的說明。前後具共通點。林氏的說明參見他所著《見者之言》一書，八二年六月彰化文化中心出版。頁二四二。

（「水蔭萍作品集」卷五「水蔭萍研究資料」臺南市立文化中心出版）

貳、戰後臺灣現代詩史論

一、清音依舊繚繞——解散後銀鈴會同人的走向

二、戰後臺灣本土詩運動的發展與成熟

——以笠詩社爲中心來考察

三、論戰後臺灣本土詩的發展和特質

——戰後詩人的歷史經驗與現實意識

清音依舊繚繞

——解散後銀鈴會同人的走向

在臺灣新詩史上留下重要的軌跡，介於一九四二～一九四九年間展開其旺盛的文學活動，銀鈴會的存在，不只彌補了戰中和戰後巨變時期臺灣詩壇的空白和斷層現象，也有諸如：

……成員較多，活動期間較長，從戰中到戰後，不斷地繼續活躍著，也最能代表那一個時期臺灣新文學運動的特色。①

……我們可以指出銀鈴會的三點特色，⑴繼承臺灣文學精神 ⑵放開胸襟接受世界文學 ⑶艱苦環境中的奮鬥精神……。②

重大之歷史評價和意義。銀鈴會的解散正如發起人張彥勳所指出：

……因爲語言的變遷，或報紙日文版的陸續停刊而使這些前輩詩人一時之間無法立刻適應，導致了精神空虛而在無可奈何的狀況下被迫終止。③

銀鈴會在前期（一九四二～一九四五年八月）的活動大抵具現於同人詩誌「緣草」，以發表創作爲主，純粹是一種同人間的回覽〈輪流閱覽〉誌。後期（一九四五年八月～一九四九年四月）則不只繼續創作發表的活動，發行『潮流』雜誌，其同人的作品領域已大爲擴大，兼及各種文類，而且提出多樣的文學觀點和主張，也展開了對外的交流與活動（如聯誼會、和文壇先進楊逵的關連等）。因此，從文學追求的階段來看，筆者以爲，可將銀鈴會的前期視爲同人的文學修業（修練）時期，後期視爲各個同人的風格確立時期。而從同人整體或相互的關係，及其對應於外部文壇的狀況來看，其存在自身，同人雜（詩）誌的色彩十分鮮明，文學集團的特色始終相當明確則是不爭的事實。換言之，銀鈴會的存在和活動，除了具有前述歷史的評價和意義之外，作爲變動的大時代中，一種文學的潛在底流，主流文學胎動和到來前的準備，透過純粹的文學同人結社、同人詩誌的形式，更饒富意義。

關於同人誌，文學同人結社的存在理由和重要性，筆者以爲至少有下列諸端：

一、文學同人結社、同人詩誌，可從問題意識、新的方法、視點來呈示其居於大時代（在其所成立的各自的時代裏），人文層面各式各樣的主張，其中正存在有文學形成的「源泉、核」，又，其對既成文學的否定傾向，也意味著『新』的發端。

二、不管如何，對應於文學的商業化和俗化，其本身都有其文學的堅實據點，必須不斷的自我反省，自我冒險和突破，同人詩誌的精神具有無欲的、孤立無援的精神。因此可維持其純粹性和自立性、理想性歷久不衰。

三、同人詩誌或文學集團的成立，無法不顧及人間關係和作品關係。基本上，即是表現者和表現者的關係（甚至進入人格關係之領域），積極地，可創造出表現者成熟的契機，可發現共通的目標、關係構造，使其存在不止於成爲交誼或作品發表的場所，而能相互確認全體存在的意義，形成創造、革新的理念。

四、文學集團中，同人間的同質性和異質性的問題。同人詩誌的結合可能包括相同世代與不同世代各個成員，相互間同質性和異質性的確認，也就是「私」與「所屬」的認識，必然影響及全體或各自的文學意識、精神和活動。

如上述，從同人結社和同人詩誌的角度，來考察銀鈴會～基本上，帶有純粹文學同人結社和詩誌傾向的～此一文學團體，在戰後，一九四九年以降，也就是解散後的走向，以依然活躍如昔的主要成員，包括張彥勳、林亨泰、詹冰、錦連、蕭翔文等人爲例來考察，則其課題至少應包含①銀鈴會解散後，詩人回復到各自的「個的位置」的意義～即戰後各個同人的文學追求歷程和風貌。②銀鈴會的文學精神的持續和內涵——即戰後劇烈時代變遷中，銀鈴會集團所培育的同人，其文學教養和理念，如何繼續發揮和傳承，具有何種意義和影響。③從上述兩大前提的究明，顯示作爲同人結社、同人詩誌的一種典型，銀鈴會的存在，在戰後特殊的文學環境中具備的意義。

二

前列諸課題，本論文擬以解散後銀鈴會詩人風貌的成熟，詩人的變革意志和實踐，詩人的文學態度和時代對應，幾個重點來展開敘述，配合討論。

對戰後銀鈴會的詩人，其詩路歷程，綜合地作一考察之際，下列的幾個共通的前提似應先行提出。

(1)各個詩人的風貌當然各自有所不同，但共通地顯示了多方面文學探索的渴望，觸角都極為寬廣。如詩，評論，小說，俳句、短歌、翻譯、兒童文學各領域均有涉及。

(2)各個詩人參與的文學活動和履歷雖有所不同，但在各自成為一大家，樹立起成熟的風貌之後，均共通地，保持前衛的、勇於實驗的、不斷衝刺的精神。

(3)共通地，有從「個」回復到「群」的契機和內在的要求，如後述他們捲起、主導文學運動，或積極參與其他同人雜誌即為證明。這些契機，促使先前銀鈴會同人的基本精神，依然發揚和持續、傳承的機會。

因此，解散後他們「詩人個自的歷程」，顯然地，反而帶有切斷先前共同精神關連的意義，值得加以強調。

解散後銀鈴會同人中，最為活躍，對臺灣詩壇最有貢獻的應推林亨泰，說他的詩路歷程，足以相當程度的反映出戰後臺灣新詩史演進的過程亦不為過。林氏的戰後詩人履歷，包括了主導一九五六～一九五九年的現代派運動，一九六四年的「笠」創刊及首任主編，而最重要的卻是他對現代主義，新的、前衛的詩精神之堅持和實踐。他的詩風呈示多樣的面貌，從抒情、知性（包含現代主義的諸風貌）、意象（包含短詩的實驗）、寫實，不拘泥於一格，時時在展現新奇的模樣：

夕陽映在
滿是皺摺的襯衣上
展現著素淡的花紋

開始翻滾的水
與沈鬱的時間
從茶葉中
把苦澀
釋放出來

把那些翻滾的聲音
把那些沈鬱的聲音
一杯一杯地

是誰才能
把那些苦澀
一杯一杯地
清音依舊繚繞

　毫不猶豫地
　　喝下去

經歷了四十年代哲思和浪漫（如黑格爾辯證法、海岸線）傾向，五十年代的前衛詩（如風景、二倍距離）實驗，七、八十年代生活寫實（如事件、臺灣）的表現，這首「夕陽與茶」也許可代表他近期的詩風，混和了詩人對詩的意匠表現（諸如意象和氣氛的塑造）與捕捉內涵（諸如生活中取材，打破日常性，富思考性，趣味性）的用心。

錦連據說是參與銀鈴會較晚的一位。一九四九年以後，卻也有令人注目的詩業績呈現，他的詩歷程，同樣受過現代主義的洗禮和實踐過諸多的試作，從創世紀到笠詩刊，五十年代的傑作「軌道」、「時與茶器」，已帶有思考的形而上性格，成爲他的詩的一個堅實底流。「轢死」「女的記錄片」則顯示了cine poem（所謂電影詩），前衛的實驗性格，但是，他的重要作品都呈示了強烈的現實主義的性格，六十年代的代表作「挖掘」，七十年代的佳作「龜裂」、「操車場」，八十年代的「日夜我在內心深處看見一幅畫」，均能透過鮮明的心象風景來呈示詩的精神，或以敏銳的時代感覺，或以連結歷史的、時代的追憶，人生的思考，來表現強烈的現實感和實存意識。

　夢裏我在似乎很熟悉又陌生的小巷子漫步
　破舊的小巷以溫柔的面容以微笑的眼神接我
　我造訪的不知名的衰微的小鎮也曾經是某人的故鄉

啊——那些極善良的單調——我所響往的永恒的聲音

流逝的歲月裏某日下午走過這裏的人們交談的音符的迴響如今在那裏

要去尋找而夢裏我在似乎熟悉又陌生的小巷子漫步

……………………………………

一九九四年發表的「小巷子」的片斷，足以顯示其寄託於詩作，追尋人生意義的癖性和獨特的心象表現。

張彥勳是銀鈴會的發起人，在當時具有舉足輕重的地位。比較起來，一九四九年以降的他似乎有些落寞不遇，他的文學歷程，由於種種因素（特別是健康的因素），也走得有些艱辛。但其不屈的生命力和意志，仍然注入他的文學創作中，帶來豐碩的成果。一九四九～一九五八年間，他有過十年的文學中斷遭遇，六十年代以後致力於小說和兒童文學的創作，也有極佳的成績，代表作如「捕蛙父子」「鑼鼓陣」，「阿民的雨靴」「兩根草」等。評論家葉石濤對其作品曾如此加以評價「……張彥勳作品裏的感傷性顯著，他有強烈地表達詠嘆、悲哀的傾向，……張彥勳小說的支架乃是冷嚴的寫實主義和現代感較強烈的批判性。」④頗爲中肯。在詩的創作方面，他在一九六四年『笠』創刊時，即加入爲同人，但作品並不多產。他的詩，依筆者的看法，具有浪漫的色彩（如后里旅情）和寫實的傾向（如拾荒者）雙重質素。

荒野中

一匹水牛在反芻
一聲巨響
水牛聽見轟隆聲

時代轉變
歷史創換
民主維新
叉開雙腿
用力踏地
水牛撒了尿
準備再衝刺

這是他八十年代末發表的詩作，可見其平易的言語，密著於生活的實感，堅忍的生命意志。

詹冰可以說是屬於內潛型的詩人，其作品一直保持高度的純粹性，帶冷徹和清新的格調，六十年代曾有過前衛詩（諸如圖象詩雨、水牛圖）的實驗試作，相當成功，七十年代以後，則顯示了饒富生活感情、情趣的作品（如阿水與阿花、花香等），八十年代以降也維持著寫實的生活詩的風格。

妳在呼吸氧氣
我在呼吸氮氣
妳在呼吸花香
我在呼吸書香

突然妳呼吸我
突然我呼吸妳

妳我呼吸快樂
妳我呼吸幸福
妳我呼吸瞬間
妳我呼吸永恒

這是近期的一首創作「呼吸」，可見依然保持其純樸的詩質，晶瑩巧小。

詹冰在一九六四年「笠」創刊時，亦爲發起人之一，戰後的詩活動自亦以笠爲中心而展開，他也致力於其他文類諸如小說、散文、兒童文學（詩和戲劇）的創作，在兒童詩和戲劇方面留下不少佳作。最近更大力提倡十字詩，而親身實踐。

蕭翔文在銀鈴會時代是相當活躍的一位，一九四九年以降，卻有過漫長的停筆時期，八十年代以後致力於俳句的研究和創作，加入笠詩社後，回復其旺盛的創作力，亦努力於翻譯日本的俳句、詩，多所介紹。他的短詩頗受俳句詩法的影響，閃亮著詩人的巧智，別樹一格。他的作品也可見出觀照生活的詩趣，調和了理性和感性，顯示出冷靜而沈澱的抒情。試舉他九十年代的一首創作「竹」爲例。

竹林在流動著的白霧裏
像水墨畫一般漂浮著
沿著竹葉滴下來的露水
在黑暗的寂靜裏響著「噠噠」的聲音
那像是天地之間的聲響

……………………

不屈節
越過殖民地與戒嚴的我
晃眼地仰望它的英姿
風颯颯地
像濤聲一般吹過竹葉

追求自主與民主

無上地愛臺灣的好多個朋友呀
你們要告訴我什麼事呢

如上述所論，解散後的銀鈴會同人，在戰後各自走著不同的文學歷程，多能各自發揮多方面的文學才華，顯示大家的成熟風貌，他們的作品雖各有特色，卻一致地可見出洗練的表現技巧，帶有堅實、教養文學的芳香，筆者以爲，應可歸功於銀鈴會時期的文學歷練，有以致之。而戰後的銀鈴會成員，如前面所指陳，從「個」出發卻具有回復「群」的內在要求和契機，除林亨泰、錦連早先有過參與現代派運動的經歷外，實際上，所有成員後來均參加了「笠」的詩運動。其意義和影響，值得再進一步的探討。

銀鈴會和笠的血緣關係，張彥勳曾如是的加以強調：

……我們若要談到笠，就非得從銀鈴會開始談起不可，我們幾乎可以斷言笠就是銀鈴會的延續，而說笠乃是由銀鈴會蛻變過來的也不爲過……因爲今日笠所走的路線也就是銀鈴會詩人們所持有的寫作風格。⑤

林亨泰則如是說：

……銀鈴會同人之中有詹冰、張彥勳、錦連等人，後來他們都和我一樣，很自然的成爲笠的同人。這就是我爲什麼要回顧笠詩社之餘，還要追溯銀鈴會的理由。……再就推動詩運的經驗來說，笠詩社也不算是第一次，而是第三次，……我對於笠所能作到的只是開了一個頭，無論如何看它日益茁壯確也是一件高興的事。⑥

不管如何，解散後的銀鈴會同人，參與笠詩社、詩刊的創設，創刊，乃至以其爲活動、創作發表之共同場所，象徵了前述他們由「個」重返「群」熱切的內在要求的實現，渴望藉著笠作爲過去銀鈴會同人精神發展和延伸的據點，如張彥勳的說法，可以十分令人理解。但，筆者比較同意林亨泰氏的說法，認爲從銀鈴會延伸到笠，構建起臺灣本土詩史完整系譜之意義，才是值得強調的重點。

……同時，很想借這個理由使臺灣現代詩的萌芽跟發軔時期更往上推回一點，以便塡埔並使它能夠銜接到光復以前更早期的一段文學淵源去，作更完整的歷史連貫。⑦

笠成立初期，具有匯流當時持有不同詩觀、傾向之各方本土詩人，而形成一次大集結的詩史和精神意義，銀鈴會同人當然是其中巨大的一支流脈，初期由林氏主編，對笠未來的走向，特別是批評精神的確立和堅持，自然也產生過決定性的影響。然而，從同人誌的結合宿命地，必然存在有衆多異質性要素的前提來看，八十年代笠的成熟，是源於異質性詩人、詩觀的交錯併存，已混合了多種多樣的質素（諸如現實主義、強烈的批判、抵抗的精神），而且對應時代的變化也有其客觀的文學環境和狀況，終致引導出全新的追求方向。則「笠」不但無法單純的視爲「銀鈴會」的延伸，「笠」各個世代同人的相互激盪，也可能造成影響他們其後創作走向的結果。林氏前面所謂「第三次運動」的意義也在於此。

三

銀鈴會的同人在解散後，也就是戰後臺灣詩史上的活動，因此可以大體畫分爲參加笠的時點，和參加笠以前的時點，也就是「個」的詩人活躍的一面，與釀成詩運動「群」活動的一面。而參與詩運動的時期區分，似乎也可以一九六四年笠的成立爲一分界點。前一階段，從現代派到創世紀，林亨泰、錦連致力於現代前衛詩的提倡、推動和創作。加上詹冰氏在一九六〇年代圖像詩的試作，顯然，當時他們受到日本（如「詩與詩論」集團前衛詩運動和詩風）、西方新興詩潮的影響，偏重於主知詩、意象詩、未來派、立體主義（如電影詩、圖象詩）的實驗創作，留下諸如「風景」、「轢死」、「雨」等等傑出的作品，後一階段，笠的時期則除了上列的三人之外，張彥勳和蕭翔文兩位也先後有所參與，進入八十年代，笠詩社的風格趨向成熟，呈示強烈的現實主義詩風，加上先前對各種現代主義技法的吸收、實踐，終於形成新的風潮。

……像「弄髒了的臉」等即比較趨向正視現實，表現人的感情與自然事象的融合，對社會環境的醜惡，不正常的心理等有所反駁批判，能看到其思想深入的內容，比較接近笠詩人們所實踐的「現實」與「現代」主義的融合，追求藝術表現的特質。⑧

不限於林氏在七、八十年代的詩所顯現的上述特質，如下列，銀鈴會其他同人近期的創作，也呈示出對於當代詩潮的敏感和把握。

當一場激情之後
輸家乃是我們的份兒

因而被稱呼暴徒
因而被逮捕不少人
……………
一場激情之後
你我必需冷靜的思考
畢竟是誰喫了虧

張彥勳〈激情之後〉

或者聽覺器官細胞在抗議嗎？
我的耳朵變成了街頭？立法院？
或是我的耳根太清靜了
所以惡魔用「耳根不『靜』」
來爲難我

詹冰〈耳鳴〉

上面兩首作品是一九八八、一九八九年發表的作品，張氏以臺灣的街頭示威事件爲主題，詹冰則以當前臺灣社會充斥的街頭、立法院暴力事件爲線索，都有冷靜的自己省察和批判的質素。

肥豚前額
只不過
多長出了些
粗大的眉毛
瘦雞下巴
只不過是
多長出個
鉤狀的尖喙
宮廷寵物仍被保護的時候
肥豚只憑粗眉即可當權貴
瘦雞也借尖喙即可施號令

這首題爲「宮廷政治」，林亨泰最近的作品，以政治人物爲諷刺的對象，帶有強烈嘲諷批判的性格，也可歸屬爲現實主義詩風的典型。

總之，銀鈴會同人在解散後，也不免有經由「個」回復爲「群」而展開文學活動的履歷，不管對現代主義、現實主義等時代主流詩潮和詩風，均能敏感地感知，實是他們具有充分應對時代動向的證明。而對比於此種「群」的追尋過程，個的活動，同樣也對應於從現代主義走向現實主義的詩路歷程，自六十年代至九十年代亦各具演變的軌跡，錦連氏凜然的現實精神堅持，林亨泰的多樣風格變貌，詹冰、張彥勳的生活、寫實素樸詩風，蕭翔文的短歌式抒情、空靈調和的氣氛都顯示了鮮明的個性。

四

戰後自銀鈴會解散以降，銀鈴會主要同人的走向，大致如上述所述，他們經歷了同人雜誌解體後個人的文學追尋心路，又從「個」的發展回復到「群」的活動，或捲起文學運動，或踏實地參與主流詩潮的推動，毫不怠惰。從詩史的觀點來看，筆者以爲，特別値得一提的是：銀鈴會作爲純粹文學同人結社的意義，持續至戰後，對其同人（個的，推而廣之，亦爲臺灣文學全體的）文學活動的影響。不管在那一國，在戰後，可以說，同人雜誌均面臨不易存在的困境，功利的掛帥往往使其喪失理想性，喪失其可能締造新的文學之根據和堅持，等而下之，會出現同人誌或文學結社成爲政治利用的道具，甚至腐化成爲文壇的「權力機構」進行「文學獨佔」的現象，實有著種種的危機。相較之下，銀鈴會的同人，從戰前至戰後，有其開放的胸襟，勇於接受新的、前衛文學的實驗精神，又能保持文學的教養性格，既有其不隨時潮逐流的「恒久不變」的精神堅持，也有敏感的追求詩性現實精神，把握「流行＝主流文學方向」的積極態度，銀鈴會同人的結社或同人誌的歷練，顯然地，具有正面的意義，會成爲可資肯定的典範而存在。

……任何制度莫不是權力的展現，因此任何制度都應包含權力轉移的設計，若不包含這些，任何制度都是有欠陷，而終會走專制的不歸路。⑨

……「文字暴力」應和「意識形態壓抑的暴力」有關……換句話說，一切與權力結構形成共犯的文字就是「文字暴力」。⑩

類似此種認知和警戒，詩人冷徹的省察，才是銀鈴會同人在戰後複雜的文學與政治環境中，多能節制地堅守文學立場，依然發出銀鈴一般的清音而繚繞不絕的理由吧。

【附註】

① 趙天儀作「戰後臺灣新詩初探」引用，文學界雜誌一六集，一九八五年十一月出版。頁五二。

② 林亨泰作「銀鈴會文學觀點的探討」引用，收入林著「見者之言」，一九九三年六月出版。頁二〇〇。

③ 張彥勳作「探討銀鈴會時代的重要詩人及其創作路線」引用，笠詩刊一一一期，一九八二年十月出版。頁三五。

④ 葉石濤作「張彥勳論」引用，收張彥勳著「鑼鼓陣」，一九九〇年十一月出版，頁一三三。

⑤ 張彥勳作「從銀鈴會到笠」引用，笠一〇〇期，一九八〇年十二月，頁三〇。

⑥ 林亨泰作「笠的回顧與展望」，引用，同上，二八頁。

⑦ 同上林氏同一文引用。

⑧ 陳千武作「知性不惑的詩」引用，刊載於「自立本土副刊」，一九九三年八月十九日。

⑨ 林亨泰作「銀鈴會與六四學運」引用，同注②，頁二三四。

⑩ 林亨泰「文字、暴力、意識形態」引用，收入林著「找尋現代詩的原點」，一九九四年六月出版，頁二〇八。

（刊載於「笠詩刊」一八六號。一九九五年四月十五日出版。頁八三～九七，臺灣臺中笠詩社）

戰後臺灣本土詩運動的發展與成熟

——以笠詩社為中心來考察

作為臺灣文學的一環、臺灣現代詩的發展，從戰前至戰後，可以種種的角度來考察。而所謂「臺灣本土詩」此一語彙則毫無疑問地，正足以顯示臺灣詩人重新奪回臺灣現代詩主體性的共同企求與熱切的心情。不言可喻，「本土詩」是根源於「本土意識」而產生的稱謂，但對其內涵卻有不同的說法。有人以為：

> 本土詩文學的基本意識是愛自己、愛鄉土、愛社會、愛國家的良知精神的反應，……對本土詩文學的愛心才能捕捉到配合時代，跟上潮流。①

而臺灣新詩一向具有的特色則有：

(1)要站在絕對自由的心境表現自主的個性、擺脫奴隸根性、創作才能成立。

(2)力排貴族詩、視貴族詩為統治者玩弄語言的遊戲、所以要灌注真摯的平民精神內涵、創作才有價值。

(3)詩人要先完成自己的人格、重視人性、把氣質加以藝術化、創作才能完美。②

顯示了本土詩的追求乃是詩人執著於鄉土、自覺寫詩爲其生涯的使命、而將詩視爲詩人的歷史與全生活的投影、具有關懷現實和社會的強烈心情。有人則以爲欲表現臺灣新詩的獨特性、確立臺灣文學必須：

> 絕對有臺灣意識，……一方面以臺灣意識的層面，一方面以臺語的層面來界定，在精神上是一種反抗精神、反抗統治者的精神，……③

而有人則以爲「『自主性』才是臺灣精神、臺灣意識的核心」④；也有人從詩作顯示的實際模樣來說明：

> 所謂「本土意識的詩作品」，依照現時的情形，可以說在基本條件上，常常必須同時具備下列三種特色：⑴表現臺灣本土風情或生存環境與生活的作品，⑵使用日常口語或本土語言的作品，⑶本土生長或本省籍詩人的作品。④
>
> 因此，本土意識的詩作品……在內容與方法上也有其不同的各種類別：大致可分類如下：⑴描寫臺灣人的生活或鄉情靜物；⑵表達臺灣人的傳統或現代感；⑶諷刺或抵抗本土生存環境；⑷使用本土語言。⑤

上述諸說確實均能指出「本土詩」的成立條件與意味。但必須特別加以強調地是：在廣義上，在理念上，本土詩既然與本土意識密不可分，則認同本土、關懷本土的作品，基本上均可視爲「本土的詩」。而在更嚴格地界定，則我們必然要對「本土意識」、「本土詩」的根源有所理解與把握，那是由於臺灣歷史、風土、長期形成的，臺灣人共同體生活基盤之「

源泉」——一種回歸土俗的祈願和志向——釀鑄出來的「原始的活力」，在自身內裏積蓄的此一源泉，可以說是經常居於「被支配者」被迫去接受的立場。臺灣人的意志的凝集，感受到迫害、不平、抑壓而有所自覺，則反抗、反撥也越爲激烈。也正是所謂抵抗精神的主要源泉。

臺灣現代詩的本土意識，是由於歷史的體驗，長時間承受政治上的壓迫，以及臺灣寶島的自然風土，人爲環境所產生的結晶。「……面對生存自立的威脅，力求『抵抗』，眼看現實社會的醜惡，加以客觀的『批判』，以及人本性具有的『愛』，愛鄉土與人類，並追求不斷進步的一切『希望』。在詩裏的這些質素，可以說是臺灣詩的獨特性格」。⑥

本土詩的追求的意味、本土詩人「回歸土俗的祈願」與努力的意義，本土詩的現實性及其價值，在此均有了明確地指陳。

以詩史的角度來考察戰後臺灣本土詩的發展與成熟，則包含了兩個基本的課題。其一是歷史過程的追蹤，即縱的連繫（繼承）——與戰前臺灣現代詩的關連；橫的關係——即戰後四十多年的狀況，特別是本土詩人和大陸來臺詩人意識、作品傾向與創作態度之差別。還有基因於政治、社會、經濟環境的變化，產生的詩人的對應，作品的異質等，這也是對於「史」的連續性的認識。其二則是詩人的精神歷程，作品本身特質相關的問題。本土詩人「本土意識」的形成契機及實踐，可以由詩集團或個人來考察。而戰後本土詩斷代的特質（超越戰前所有者）、繁複的面貌、達成世界性的努力導致對表現詩方法論的追求與重視等，也要加以呈示，即是對於「史」的非連續性的認識。

第一個問題，論者頗多⑦但基本上，涉及整個詩史分期的問題，總括地區分，大抵我們可以同意如下的說法：

我們可以把戰前二十年的活動，視爲臺灣新詩的潛伏期：包括開創的詩型、作品風格、現代精神的萌芽。而戰後四十年的新詩演變實態，是經過一段過渡的冷靜之後，採取橫的移植、吸收西歐的藝術精神，花費了二十年；後期二十年才恢復縱的傳統、表現本土意識的創作、……進入世界文學圈裏豎起一幟。⑧

戰前現代詩與戰後本土詩發展的關連，「兩個根球說」⑨已足以清楚地加以說明，而戰後的第二個階段實即包含了大陸來臺詩人參與的諸活動：如「現代派」的成立（一九五六年二月）、「藍星」的鼎盛、「創世紀」的革新與稱霸。第三個階段則從「笠」詩社的成立到今日仍持續著。其間有過「現代詩論爭」、（一九七二年由關傑明氏引發）、「鄉土文學論戰」（一九七七～一九七八年）。此外由於政治局勢的變化、「本土意識」高昇，一方面提供詩壇反省及重新整合的機會；一方面使本土詩的追求匯爲洪流，形成詩運動，由發展期步入成熟期。

本文擬把重點置於第三個問題來探討，而以前項提及、居於第三階段出發點上的笠詩社作爲中心來考察戰後臺灣本土詩運動的形成、展開、成熟諸相關現象，特別要對本土詩人的「回歸土俗」的心路歷程、作品的流向、變化加以闡明。

二

關於笠詩社成立前後的經過，當時詩壇的狀況，已有多人曾詳加論述⑩。簡單地說：即基於客觀的詩壇情勢——現代詩作品走入虛無、空洞、脫離現實，既成詩人的墮落等，以及主觀情勢——本土詩人的重新整合與集結、追求現實主義詩觀、理念的一致等雙重因素，終能藉機崛起，帶來新風潮。而事實上，當初笠詩社並沒有明顯地意圖掀起詩文學運動，後來笠詩社之所以能主導戰後臺灣本土詩運動的進行，應該是基於下列諸原因：

(1)系譜的形成——從初期的二十位同人到最近八十位同人。笠詩社不只以人的集結匯成流脈，更形成了堂皇的系譜。此一系譜一方面得以遙接戰前本土詩的系譜（如巫永福氏，跨越語言的一代）；一方面也可以傳承戰後出生（一九四六～一九五六年出生）的世代。因而同人對於詩史的理解、本土精神的堅持與把握有更深的體會，自然發揮了推動本土詩運動的力量。

(2)共同理念的形成與發揚。笠詩人共通理念的形成是經由以笠詩刊這一共同的場所，透過詩的追求與實踐而培養的，是一種默契。從初期本土詩史料的整理（如《臺灣新詩的回顧》、《光復前新詩選》）、中期臺灣詩人、系譜的定位（如《詩人作品選刊》《世代專集》《作品討論會》）、近期臺灣詩專題討論會（特別重視臺灣現實詩、意識的闡釋）均為檢討，形成詩人共識的媒介。笠詩人的共通理念，依私見不外乎前述的「土俗回歸的志向」和「凜冽的現實精神」。以笠的前行代詩人（如林亨泰、錦連、桓夫……）由於自身的歷史體驗、傳承意識、文學教養，均早具有強烈的「土俗回歸的志向」。戰後時代，歷史的劇變帶給此一世代語言喪失的挫折，政治的黑暗帶給他們鬱鬱難伸的壓抑感。從「銀鈴會」到《笠》的「回歸」不啻是一種精神上的歸隊，心情上更含有「鬱積一舉噴出」的意味。其對於「土俗」的執著，使其本土精神的堅持持久不衰。至於笠詩人對現實性的執著，當然涉及詩觀點，固執詩和存在、語言的意味與價值，加上對現實的關懷、不逃避的人生態度等共通感覺。但是也有透過對既成詩壇的反撥、有意識地糾彈詩壇現存的偏差的企圖。歷經「現代派」、「藍星」、「創世紀」詩履歷的白萩曾有過如下的觀察與告白：「……在創世紀以超現實主義的詩風活躍詩壇時，余光中又走向了新古典，這是對《創世紀》的一種抵抗。而《笠》的創刊也可說是對《創世紀》的一項新對抗……而《笠》的對抗方式則是提倡現實主義，使用生活的語言來表達詩的感受，並從現實生活中抽取素材。」「……臺灣的現代詩運動就現在回顧起來，幾乎是一個荒唐的運動，而我之走進了笠，是對詩抱有我的理想……」⑪上述理念的堅持與拓展，將現實主義導入詩中加以實踐，立足於生存的場所和時間，自然會注目現實，產生超越狹隘的鄉土情懷。笠的理想主義使本土詩運動加深了精神面的內涵。

而上述理念的傳承方式更可見出笠詩社構建「詩史」的意味。前行代堅實的「歷史、土俗意識」是透過「以心傳心」的方式達成的。鄭烱明在〈無聲之歌〉中寫著：「……伴著上一代殘留的痛苦／屢次我彈奏著它／不管白晝或夜晚。」正是「閃閃發亮的詩精神」的傳遞。

(3)方法論的追求，造成詩質的提昇。不管如何，戰後的本土詩人是以詩、語言爲武器來實踐理念。笠的詩人因而早就存有「表現的意識」。而戰後的社會特別是最近的二十年，已經成爲極度開放的社會。前一自覺使笠詩人從出發就努力於詩方法論的探求與追求。笠詩刊透過同人不同的外國文學、語學的認識、理解，初期從法、英、美、德、日諸國曾經大量地移植，介紹經典詩作與詩論、文獻（如超現實主義、新即物主義、意象主義、現實主義等）中期至今則擴大範圍，遍及歐洲、拉丁美洲、第三世界之作品、當代新銳作品。笠的主要詩人各自經由選擇、吸收，都確立了自身的詩法。依據李魁賢的研究⑫，笠詩人實在風格各異、多彩多姿，從前衛到古典、敘情到寫實確實是具有多樣性格的詩人群。以作品的質來看，從笠詩社主編的衆多詩選集即可見出不斷提昇的模樣，《美麗島詩集》（一九七九年六月）、《臺灣現代詩集(1)、(2)》（日文本，一九七九年二月、一九八九年五月）尤其可作爲明證。

後一社會、文化環境與狀況使笠的詩人能隨時掌握現實動向，更擴大他們的走向「世界性」的視野。笠在一九七〇年以後即致力與外國詩人交往，特別是日、韓兩國詩人的協力，達成亞洲詩熱絡而全面的交流（亞洲詩集已出四集），種種的作爲均充實了本土詩的營養，加深本土詩的內涵。

(4)詩人的社會發言、現實參與，笠詩人在初期極少參與社會活動。而在一九八〇年以後的十年，作爲詩人「起而實踐」的具體表現，紛紛加入政治性、社會性的團體（如臺灣筆會、臺灣人權促進會），從事社會乃至政治評論（特別是在一般雜誌、報紙）。這方面值得一提的是李敏勇氏的表現⑬，其評論集《做爲一個臺灣作家》立論明確，詞鋒犀利，發人深省。而此種參與不只奪回了一九七〇年代中期以前被壟斷的文化、文學發言權，更將本土文學運動推上一層轉化爲文化運動，有極重要的意義。

可以說戰後臺灣本土詩的發展，以笠詩社龐大的組織力，透過詩語言、理念的實踐，累積二十年的努力，不只關注現實，追求藝術性，也培養了「國際性」的視野而終能趨於成熟。

三

本土詩運動從發展至成熟，以笠集團本身的發展過程來考察，也可以提供清楚的軌跡。笠的第一個階段在風貌上還見不出強烈的現實性，而顯示出樸實的生活性、反映現實的心情。李魁賢氏所謂成長、飛躍、穩定期⑭大概指此一時期。而詩壇在此一時期也有了明顯的轉變。證諸同時的詩刊風貌（如龍族、大地、詩脈、主流等）即可瞭然。第二個階段則在一九八〇年以後明白可見，與當時漸形開放的政治局勢，「鄉土文學論戰」以來的本土意識的高漲都有密切的關係。簡單地說，本土詩人已有「主導、主動出擊」的自主能力和餘力，本土詩的普及，甚至已蔚然成風。而成熟期的本土詩運動的模樣，我們可以當時本土詩的風貌與質變來說明。

戰後本土詩不同於戰前的面貌，其本身也不斷地在變貌。固然是基於戰後時代的狀況——如政治的因素（民主化的要求與發展、解嚴、兩岸關係的變化等）、文化環境不同（文學大衆化傾向、消費經濟傾向、社會價值觀的變化等），但最主要的原因還是在於本土詩人創作理念的變化，有以致之。那也就是關心現實、存在、密著於生活的傾向；現實性、社會性的重視，由此而引發本土詩的質變。戰後的本土詩可以說是一種「狀況顯示」的詩、社會事件（如炭坑爆炸）可以入詩、政治事件（如示威、政治謀殺）可以入詩、環保問題當然也可以入詩。戰後本土詩的一大特質就是題材的擴大、主題的多樣化，其中自然可以見出詩人的「詩意識」與現實的「政治或社會秩序」的接觸點，也就是詩人「精神」和「存在」的糾纏。

我們在地圖上
將那被統戰了的
舊日盟邦
一個個的
用藍墨水將它塗去
頓時　整個世界
已泰半沈沒
洶湧的波濤裏
依稀聽到一些呼救聲
在我們心底

幽微地迴響著
在地圖之外的荒灘
我們看到零落橫陳在
岬角處的
自己的屍體
我們看到
一些細微的嫩芽
自我們那失血的手腳爪端
抽生

這是陳鴻森的詩《諾亞的方舟》中的兩節。這首詩以臺灣的政治處境作爲主題，作者用冷徹的眼注視了自身的存在（即共同體的困境、詩中的我們）——國家漸漸孤立於國際世界的困境、作者的詩意識透過詩而與現實（借政治題材）密切地結合。同時，作者是以諷刺的手法來表現，帶有批判的態度，切入現實的凜然精神，正顯示了本土詩人的在野立場。

我們撫摸著冰涼的鐵窗
　它監禁著我們
說是爲了安全
我們撫摸著它

想起家家户户都依賴它
把世界關在外面
……………
從有鐵栅的窗
我們封鎖著自己
我們拒絕眞正打開窗子
讓陽光和風進來
我們不去考慮鐵栅的象徵
它那麼荒謬地嘲弄著我們
它使得我們甚至不如一隻鴿子

這是李敏勇〈從有鐵柵的窗〉詩中的一節，透過社會現存的「風景」，也是對自身的存在的觀察與揶揄，其中顯示了對現實生活中隱含的「危機」，作者深刻的體認與意識，鐵柵的象徵已不止於現實的風景映像，更是被現存「體制」禁錮苦悶的象徵。

類似上述二首作品，可見出戰後本土詩的問題意識，本土詩人對現實強烈的關懷，重視生活「日常性」的特色。同時，它們共通地有著詩人對自身所在的「社會、政治秩序」帶有批判性的認識與態度。即使被納入在現實的「秩序」中，依然呈示極度「收斂於內面」的特質、凜冽的現實精神、冷徹、硬質的倫理性格。

戰後本土詩運動的焦點則集中於「使用的語言」的問題，也就是以本土語言作爲詩表現的工具的思考。戰前已有過多次文學語言的論爭，也嘗試過臺語詩的創作，基於本土自主的意識、語言問題當然十分重要。本土詩運動進入成熟期，臺語詩的試作也蔚爲流行，與提昇母語地位、母語本位的主張相呼應。向陽、林宗源的臺語詩、黃勁連的臺灣歌詩都顯示了相當的成果。但是臺語詩的創作涉及文學表現的問題，依然是今後値得努力的課題。

總之，戰後本土詩的變貌和追求，不只在內容（主題、意識）也在形式（語言、表現方法）均有所不同，足以顯出戰後本土詩運動的「斷代」特質、作品的流向，也可以見出本土詩人關注時代和現實狀況的焦灼心情。

四

本土詩運動步入成熟期最大的收穫就是導致詩質的大爲提昇。這二十年中確實出現了不少傑出的作品與優秀的本土詩人。回顧這些作品，加以歸納研究，可以作爲我們對本土詩的主流、未來的方向把握與修正之參考，自不待言。

本土詩的第一種類型，可以稱爲土俗型，其最大的特色即呈示了前述的「回歸土俗的志向」。從作品中我們可以強烈感受到作者內裏鬱積的能源的噴出，有著固執於根源、堅硬的內心深層的流脈持續不絕。

站在存在的河邊　我們仍執拗地挖掘著

一如我們的祖先　我們仍執拗地等待著
等待著發紅的角膜上
映出一絲火光的剎那

（挖掘）

……………

坐喫了五千年歷史和遺產的精華
坐喫了世界所有的動物　猶覺饕然的他
在近代史上　竟喫起自己的散漫來了

（咀嚼）

錦連的〈挖掘〉是要在「體內的血液裏尋找著祖先的影子」，找到的卻是「生存地寂寥……腐爛的水」，然而還是「不許流淚」，充滿怨情。桓夫的〈咀嚼〉是暴露民族性中的劣根性，提出斥責、無比的憤怒。「怨情」也好、「憤怒」也好，都沒有流瀉於濫情，因爲反抗、反省均出自回溯根源的歷史意識，因而具有民族的或民俗的（如桓夫的〈媽祖的纏足〉系列）詩特質，這一類型的作品所呈示的正是本土詩精神原點的質素——批判性與鄉土性。

第二種類型，可以稱爲機智型，其最大的特色是呈示了知性美，充滿新鮮、驚訝的感覺，顯示樂天、幽默的人情。

被毒打而腫起來的
有兩條鐵鞭的痕跡的背上
蜈蚣在匍匐
……………………
臉上都是皺紋的大地癢極了

蜈蚣在匍匐
匍匐在充滿了創傷的地球的背上
匍匐到歷史將煙沒的一天

（軌道）

他靜靜地立在那兒
……………………
兩手撐著地面
成爲倒立的姿勢
看著周圍驚訝的人群
我以爲他是用另一種角度

來了解這世界　然而
　他的夥伴卻說
　他只是想試試他的力量
能否舉起地球罷了

（誤會）

錦連的〈軌道〉以形象表現，鄭烱明的〈誤會〉以動作構圖，均有出人意表的詩趣；而且兩詩的最後一節均加入「人生的意味」，有無盡的餘韻。

第三種類型，可以稱爲敘情型，其最大的特色是呈示美與哀愁、現代感性，愛常是詩的主題。

對不知道是誰
而又很想看見的那個人
G君甘願地
把猶未失盡的體溫
在眼裏蒸發

爲了想跟他道別
G君擠出一生

最大的抒情
立即被拭去

（G君的眼淚）

有時妳會將愛偷偷地炒進菜裏
讓我嘗起來分外的酸楚
窗外長著芒果樹　在天天枯葉
像妳的愛甘願一層層的死去
只爲了長出新蕊

「也像你的詩在歷史中時時腐爛
卻又拚命在發芽」
妳淡淡地又將愛炒進菜裏

（有時）

郭成義的詩〈G君的眼淚〉以離別爲主題，白萩的〈有時〉則以日常的愛與生活爲主題，均捉住一幕情景來表現，其中顯示的哀愁和愛情，都是活生生的、現代人才有的實感，尤其是與空幻的、古典的美無緣，乾燥的現代敘情，正可以窺見詩人眞實的內面鮮烈的感性。

第四種類型，可以稱爲認識詩型。其最大的特色是呈示理念、有著明晰的觀念，緊密的「理則構造」，提供現實的問題意識和思考轉化在詩中。

這世界
害怕明亮的思想
所有的叫喊
都被堵塞出口

眞理
以相反的形式存在著
只要一點光滲透進來
一切都會破壞

（暗房）

李敏勇〈暗房〉對被禁錮的心靈與現實的黑暗，經由簡單明晰的辨證法來加以確認，結語則呈示了作者的信念，也是對眞與善的信念、對現實體制的質疑。

本土詩的多樣性風貌，由上面四種詩型已可見一斑。以繼承和傳承的史的角度來考察，筆者提示了以笠詩社爲中心，這四十年來臺灣本土詩由發展至成熟的若干視點，但還有諸多問題未及論略，願留待今後來作爲研究的課題。

【附註】

① 參見陳千武〈臺灣新詩的演變〉、收入鄭烱明編《臺灣精神的崛起》（以下簡稱鄭編書）、一九八九年十二月二十五日出版。頁一三七～一三八。

② 同上，頁一四一。

③ 參見〈論臺灣新詩的獨特性與未來開展〉，《笠詩刊》一四八期，一九八八年十二月出版，頁一二七，林亨泰氏的發言。

④ 同上，頁一四二，白萩氏的發言。

⑤ 參見郭成義〈臺灣現代詩的本土意識〉，收入鄭編書，頁七八～七九。

⑥ 參見陳千武〈臺灣詩的外來影響〉，《笠詩刊》一四六期，一九八八年八月出版，頁二〇。

⑦ 鄭編書收入。舉其重要者，如杜國清〈笠詩刊與臺灣新詩的發展〉、〈笠與臺灣詩人〉、〈笠詩社與臺灣詩壇〉。李魁賢〈笠的歷程〉，趙天儀〈現代詩的回顧〉、〈笠百期的回顧與展望〉等，可參照。

⑧ 同前、陳千武〈臺灣新詩的演變〉，頁一一二參照。

⑨ 詩人桓夫提出的觀點，參見〈臺灣現代詩的歷史和詩人們〉一文，收入鄭編書頁四五一～四五七。

所謂「……而這個詩的根球可分爲兩個源流予以考慮……一般認爲促進直接性開花的根球的源流是紀弦等從大陸搬來的……另一個源流就是臺灣詩人在過去日本殖民地時代、所實踐了的近代新詩精神……。」

⑩ 可參照註⑦諸論文。

⑪ 參見座談會紀錄〈近三十年來的臺灣詩文學運動及笠的位置〉，收入鄭編書頁二四八～二七二，其中白萩氏發言部分。

⑫ 李魁賢氏著《臺灣詩人作品論》，名流出版一九八七年一月十五日。書中論及十六位笠詩人作品。

⑬ 積極地參與者有：鄭烱明、李魁賢、郭成義、趙天儀、曾貴海、李敏勇諸人。

⑭ 參照李魁賢〈笠的歷程〉，鄭編書頁四○○～四三四。

論戰後臺灣本土詩的發展和特質

——戰後詩人的歷史經驗與現實意識

一

本土詩這一詞彙，不言可喻，所意指的是表現臺灣本土精神、生活、感情的詩。從創作的主體，詩人的立場而言，則是執著於自身生存的土地，面對現實的時空，取材於自身生活的周圍與環境來創造的詩。這幾年來，此一詞彙雖已普遍地被使用，但是溯本追源，臺灣的詩人眞正地意識到其內涵意義，卻早在一九七〇年代初期，那也可以說是本土詩人自覺地意識到臺灣新詩具有本身獨特的源頭，痛感臺灣新詩本身有其既存的傳統，才孕生的語言表現。一九七〇年十二月發表，收入日本出版的臺灣詩人作品選集《華麗島詩集》的後記〈臺灣現代詩的歷史和詩人們〉一文中記載著如下的一段：

……新詩，能從萌芽而急速地趨向於具體的發展，這是絕非偶然的成果。探其本源，便可發現在這些之前，已經有其醞釀生機的詩的根球存在。這個詩的根球可分爲兩個源流予以考慮。

一般認爲促進直接開花的根球是紀弦從中國大陸搬來的戴望舒、李金髮等所提倡的現代派。……另一個源流就是臺灣過去在日本殖民地時代，透過日本文壇影響過……張冬芳、巫永福等所實踐的近代新詩精神。①

此即有名的臺灣新詩的「兩個根球」說。事實上，在此說出現的當時，臺灣的詩壇完全居於大陸來臺詩人掌控主導的局勢下，因此更顯示了特別的意義。一則是揭示了臺灣新詩的不同的傳承，對臺灣本土詩人自身背負的根源有所提示，對本土本鄉過去文學傳統重新體認，一則對六十年代以來成爲流行的、移植自西方現代主義，逃避、虛無的詩風有所批判，喚起本土詩人對凝視自身實存風土的覺醒，致力於回歸現實精神，本土詩作的追求。而同一論者對於臺灣新詩的獨特性格，其一向具有的特色，則如下地加以說明：

1.要基於絕對自由的心境表現自主的個性，擺脫奴隸根性，創作才能成立。

2.力排貴族詩，視貴族詩爲統治者玩弄語言的遊戲，所以要灌注眞摯的平民精神內涵，創作才有價值。

3.詩人要先完成自己的人格，重視人性，把氣質加以藝術化，創作才能完美。②

此一對於臺灣新詩傳統要素的指陳，後來也證實，成爲一九七〇年代以降臺灣本土詩人努力實踐的目標，本土詩具自主性的理念根據。

上述一九七〇年代初的臺灣新詩自主性的理念，對本土詩一詞適當的加以詮釋，雖饒具啓示的意義，但本土詩內涵的充實、眞正的發展和成熟，則不能不依賴、落實於作品來佐證。而其契機則肇端自本土詩社《笠》的結成。笠詩集團的詩人透過長期的詩作實踐，提供了足以代表戰後本土詩範例的詩作，當然也促成、呈示了臺灣本土詩成熟的風貌，創造出本土詩成長的轉機。笠詩社成立於一九六四年六月，從十二位創社詩人迄今已擴大爲八十多位同人。在創作方面，基於同人長期的相互刺激、觀摩，終能培養出對追求臺灣本土詩共通的信念和理念。舉其大者，如本土精神的默契與堅持，現實、理想（人道）主義詩的追求方向，密切注視歷史、時代的意識等等。在寫詩的態度、詩觀上，則由於笠詩人有其寬廣的世界性的視野，對詩語言的認知（作爲思考表現的武器），不斷追求新的方法論、精神論的企圖，促成笠主導詩人的作品均保有極佳的質與量，能透過吸收（如翻譯）和融會，至少在一九七〇年代中期已爲臺灣本土詩確立了堅實的風格。笠詩人多彩多樣的作品，實足以顯示出戰後臺灣本土詩成熟期的高度水準。由於一九七〇年代中期以降《笠》的飛躍，自然地在當時的詩壇掀起一股本土詩（具新現實主義傾向）的革新運動，影響及於此後的詩壇動向（其他同時代或其後的詩刊、詩人）甚深甚遠，可謂是倡導臺灣本土詩的前衛和前驅者。可以說，笠詩社捲起的詩運動，配合一九七二年的〈現代詩論爭〉（由關傑明所引起），一九七七～一九七八年的〈鄉土文學論戰〉，才形成一個全面追求本土詩的大洪流，特別是進入一九八〇年代，政治局勢的變化，本土主義的高揚，更提供了年輕世代詩人深刻反省的機會，詩壇亦得經由反省和整合，產生內在的一大變化，終於帶來一個本土詩管領風騷的全盛時代。

二

本土詩從發展至成熟，若以整個臺灣新詩發展史的角度來看，有人以爲：

……可以把戰前二十年的活動，視爲臺灣新詩的潛伏期，包括開創的詩型，作品的風格，現代精神的萌芽。而戰後四十年的新詩演變實態，是經過一段過渡的冷靜之後，採取橫的移植，吸收西歐的藝術精神，花費了二十年；後期二十年才回復縱的傳統，表現本土意識的創作。③

吾人大抵可以同意此一看法。則臺灣本土詩的發展實有其縱的、連貫於戰前新詩史的過程，也有其基於戰後政治狀況、時代環境的變化產生切斷於戰前的傳統，乃至異於前一時代詩風、個別展開的過程。不管如何，戰後的本土詩不同於戰前的新詩，也不可能同於一九七〇年代以前的戰後詩的模樣，即使其自身，也有不斷地在變貌的傾向。戰後本土詩的多樣多彩面貌，固然基於其時代狀況中多變的因素，如政治的（本土化、民主化的要求與發展，兩岸、世界局勢的發展等）、文化的（社會價値觀的變化，消費經濟的傾向，文學大衆化）外在環境，但主要的內在要因還是不能不歸諸於本土詩人創作理念和態度的變化。舉其大者如語言的力主淺白化，密著於生活、現實的尋取題材，特別是注視現實、關心存在周圍的要求，使本土詩擴大其「狀況顯示」的範圍。日常生活、生、死、愛、性可以成爲主題，環境保護可以成爲主題，政治社會現象也可以成爲詩的焦點，但是超越這些一般化的多重面貌，本土詩依然有其本土精神的堅持，強調本土語言的運用就是一端。母語的使用往往是許多本土詩人刻意的訴求。就中應有發揮母語饒富生命力、變化、新鮮、活潑特質的意圖，必然也有透過母語來顯示強烈的本土庶民精神，亦即俗的精神之希求。而更值得一提的則是，附著於風土來表現的本土詩人的偏好，將臺灣的自然和風物納入詩裏的風尚。關於此一風尚，詩評家吳潛誠教授即曾有所論及，他列舉了臺灣本土詩中的風物意象，諸如島、草、蟲、魚乃至植物來說明比比皆是的這些引用，是附著於本土詩人對臺灣風物、風土的愛戀深情、歸屬感，或成爲鄉土認同的象徵。④

泥土有埋葬父親的香味
泥土有埋葬母親的香味
嫩葉有父親血汗的香味
嫩葉有母親血汗的香味

——巫永福〈泥土〉

相思樹　會開花的樹
雅靜卻華美　開小小的黃花蕾

或許我的子孫也將會被你迷住
像今天　我再三再四地看著吧

——杜潘芳格〈相思樹〉

類似上面列舉的兩首詩，正可見出本土詩人把心境投射於景物的即物詩法，也可以證明本土風物、風土作爲本土詩素材的重要意義。然而，不止於此，戰後的本土詩實有其更深沉的內涵，本土詩步入成熟的階段，大抵在一九七〇年代後期以降，已累積了不少的佳作，筆者曾將其大致歸納爲四種詩型1.土俗型——具民族或民俗質素的詩。帶有強烈反省與批判的性格。2.機智型——呈示樂天感情，充滿新鮮、幽默，令人讀之驚嘆再三的詩。3.敘情型——以感性爲訴求，表達現代人的愛、恨心情，富哀愁質素的詩。4.認識型——呈示理念，具明晰的觀念性，緊密的理則構造的詩。⑤從另一個角度來看，第一詩型，往往投射了詩人的原始體驗，是屬於浮現詩人的歷史經驗的詩。第四詩型則往往有著詩人凝視現實，冷徹的心思，是能展示詩人現實意識的詩。兩者均能顯示出戰後本土詩的深層內涵。底下擬就詩人的原始體驗（詩人的歷史經驗），詩人對時代精神的把握（詩人的現實意識），時代現象和本土詩的主題（例如政治事件和詩的關連）三個不同的焦點來展開論述。

三

關於詩和詩人的原始體認的關連，有人曾如此地加以論述：

……詩的投影的實體即是我們自身的存在，存在於現代生活內部，也就是說逃避除了意指著死亡以外，沒有任何意義，敢不逃避的話，則對於存在中會發生的所有事件，應將其以某種方式刻印在自身的經驗裏。⑥

以詩作爲詩人精神史的記錄，則詩也可能成爲詩人歷史經驗的呈示與證言。而從此一觀點來看本土詩人的歷史經驗，以及其經驗投影於詩中的模樣，也就能準確的把握住本土詩的一大特質。

首先，成爲本土詩人精神底流的本土意識，不用贅言，乃是源於詩人的歷史意識——比如意識及長久以來臺灣人的悲情；「……從進入的屋頂／我們永遠跑不出來……我們更換了屋頂／可是屋頂還是一樣的屋頂……」⑦類似此詩中以屋頂作隱喩，沒有自主性的政治現實，或者有如；

……面對生存自立的威脅，力求〈抵抗〉，眼看現實社會的醜惡，加以客觀的〈批判〉……在詩裏的這些質素，可以說是臺灣詩的獨特的性格。⑧

感受到不平、抑壓而有所反抗，其最大的原動力往往也是來自一種的歷史體驗或歷史認識。

許久　許久
在體內的血液裏我們尋找著祖先們的影子
白晝和夜　在我們畢竟是一個夜
……………………

站在存在的河邊　我們仍執拗地挖掘著
一如我們的祖先　我們仍執拗地在等待著
這麼久？這麼久爲什麼
我們總是碰到水
在流失的過程中將腐爛一切的　那種水

這首錦連的〈挖掘〉正是基於一種尋根的心情，自虐地、充滿怨情地，想追溯自身喪失了的鄉愁，在作者的內心深處必然有著回歸根源的祈願，清澈的歷史認識。

埋設在南洋
我底死，我忘記帶回來
…………………………
一直到不義的軍閥投降
我回到了祖國
我才想起
我底死……

這是陳千武〈信鴿〉一詩中的一節，表現的是作者在太平洋戰爭經驗裏的死的體驗，此一歷史體驗投影於他的詩中，必有其回歸自身活生生的（自過去↓現在）精神歷史之強烈欲望。類似此種歷史體驗或認識，也有如明哲經歷的白色恐怖時期，政治迫害的歷史體驗；

由勞働營鐵窗吹進來的
離島的海風刺骨
同伴入睡後
獨自坐在堅硬的木床上
噙著眼淚聽著
一波又一波
拍岸的濤聲

副題為「政治犯生活的回憶」，這首〈綠島的濤聲〉詩中的悲情，已轉化為歷史時空中的悲情，而為黑暗的時代留下見證。可以說，前行代本土詩人的歷史認識或經驗，轉化為詩人內裏的能源，而成為鬱積的感情的噴出，對其後來的詩作都產生了正面的意義。陳千武轉化其歷史的悲哀宿命心情，發展出強烈的抵抗意識和批判精神（如從日本軍國的抵抗轉化為對戰後野蠻政治權力的批判，社會不合理的批判）；

專制的太陽壓在頭上的時候
我的影子長不起來
〈影子〉

從太陽的暴虐

從淹溺的殘忍性
我們逃避

〈屋頂下〉

他詩中時時出現的太陽此一象徵，在戰前（暗指日本軍國主義），在戰後（暗指政治暴力）實顯示了共通的隱喩性格。明哲的悲哀的心情則轉化爲對自由的祈願，理想的憧憬，積極的人道精神；

我譜出愛鄉的歌曲
希望臺灣
永遠自由
願自由的歌聲
傳遍美麗的故鄉山河

〈自由的歌聲〉

比較年輕的世代，如戰後出生的鄭烱明在〈無聲的歌〉所寫的；

伴著上一代殘留的苦痛
屢次，我彈奏著
不管白晝或黑夜

多基於「以心傳心」的領悟，經由歷史認識形成理念，再回頭來凝視自身背負的歷史；

被異族割據的時代
我們就著手建立自己的祖國
美麗島就是我們的家鄉

〈島國〉

沒有亮麗的銅環點綴歷史的煙火
但我們不是孤兒
我們走著美麗的阿娜的步履

〈我們的島〉

可以強烈地感受到，詩人李敏勇饒富理想主義，對於本土本鄉充滿熱情和希望，自信、自尊的心聲和意志力。而同樣屬於戰後才出生的世代，陳芳明卻（幸或不幸地？）體驗過政治放逐的滋味。

每座城市都是一顆奇異的星辰，我們是寒冷的星際過客。你我在遠地告別，又相約在下一個城市見面，只因還未回歸到屬於我們的土地。憑藉一股意志，在理想國建立之前，我們緊緊守著愛——他們稱之爲罪。

這首〈城市〉不只充滿了作者浪漫的悲劇情懷，也顯示了遭遇政治放逐的悲慘命運，孤獨過著漂流人生的作者，其內面堅定的意志和信念，對於作者而言，烙印其劃一時代悲慘的精神體驗，透過詩已轉化、強化爲心靈的糧和力，成爲支持他堅持不屈的主張之源泉，延續而爲滿懷的激情；

我謙卑地跪下來
向一塊頑強如蕃薯的土地認同
我讓胸膛與手掌攤開
同我一樣復活的是雷動的長空

〈復活的土地〉

幻化爲強而有力的意志，對誕生的土地，毫不退縮的奉獻。

如上所論，戰後本土詩中，所呈示的詩人的原始體驗，當其從個人的、私的經驗轉化爲歷史時空中一般人可能共有的體驗之際——如戰爭體驗、政治迫害等——也作爲某一時代的見證和人們精神史的記錄而遺留下來。戰後臺灣本土詩人的詩史記事，在此一意義上，實等同於本土歷史的記事，而共作爲詩文學，產生具有無比的感染力和情緒，無可置疑地，更是僅限於詩人才能提供的感動。

四

關於戰後本土詩中所呈示的時代精神，由於戰後詩人具有關心現實、存在，密著於自身生活去取材、表現的傾向和意圖，戰後的本土詩，正如前所提，一般地來說都足以稱爲是「

顯示時代狀況」的詩。我們不難發現戰後大多數的本土詩作中，顯示了對日常現實強烈的凝視，把無意義的日常性轉化爲詩性的表現和企圖。戰後的本土詩可以說是詩人的「詩意識」和立基於本土現實的「生活、現實意識」相互撞擊迸濺出來的火花。小至個人的詩的思考、感覺，大至對社會、國家的狀況對應，都是詩人的「精神」與「存在」痛苦糾纏的痕跡。因而，本土詩人大抵不曾持有傷感或絕望的姿勢，通常顯示著認眞、一板正經的面目，極爲積極活著的姿勢。

不必靠了一個特別的理由來生活
活下去本來就是不用藉口
除非你侮蔑了它

〈生活〉

你說臉孔是在白天的工作弄髒了嗎？
不，該說是晚上睡眠時才會弄得那麼的髒
…………
在一夜之中，世界已改樣，一切都變了。
今晨，窗檻上不是積存了比昨日更多的塵埃？
通往明日之路，不也到處塌陷顯得更多不平？

這一切豈不是都在那一段睡熟中發生了的？

（弄髒了的臉）

上面兩首詩都是林亨泰的作品，〈生活〉一首直接顯示了詩人個人的生活意識和態度，後一首則轉化詩人不甚了了的日常現實感成爲富思考性的詩，把私人的小小現實感觸巧妙地詩化，提示了具有思索人生意義的大課題，兩首都是表現人生個的、私的現實意識成功的例子。

我們撫摸著冰冷的鐵柵
它監禁我們
說是爲了安全
我們撫摸著它
想起家家户户都依賴它把世界關在外面

……………

從有鐵柵的窗
我們封鎖著自己
我們拒絕眞正打開窗子
讓和風陽光進來
我們不去考慮鐵柵的象徵
它那麼荒謬地嘲弄著我們

它使得我們甚至不如一隻鴿子

這是李敏勇詩作〈從有鐵柵的窗〉詩中的一節，比較前面二首凝視個人的內部世界產生的詩，此詩的現實意義，是透過對外部世界冷靜地注視而獲得的，用鐵柵將自身監禁在家中，此一到處看得見的風景，那也是人人習以為常，見怪不怪之「社會風景」，在敏銳的詩人眼裏，鐵柵的象徵實具有社會、政治禁錮的雙重暗示。這樣的作品顯然帶有強烈的社會批判性格。

我們在地圖上
將那被統戰了的
舊日盟邦
一個個的
用藍墨水將它塗去
頓時　整個世界
已泰半沉沒在
洶湧的波濤裏
依稀聽到一些呼救聲
在我們的心底
幽微的迴響著
……………………

在世界地圖以外的荒灘
我們看到
零落橫陳在岬角處的
自己的屍體
我們看到
一些細微的嫩芽
自我們那失血的手腳爪端
抽生

這是陳鴻森的〈諾亞的方舟〉詩中的一部分，以臺灣的政治處境作爲揶揄的對象，作者的眼專注的是更擴大的空間——國家、國際。詩中的我們當然是命運共同體的象徵，比起前面李敏勇的社會性格，此詩的現實意識則轉而投射於政治的主題，極富諷刺的意義。

上面列舉的三種不同的典型，均可顯示出戰後本土詩人詩中的現實意識，從對個人內部的注視轉移到對社會、國家存在外部環境、狀況的觀察或批判，也就是從生活的日常性轉移到生存的危機感，從個人的生活意識轉移到共同體的存在意識。本土詩既是表現生活的詩，也是努力緊密地去掌握時代精神和脈動的詩。

五

戰後的本土詩人呈示其具有強烈的關懷現實意識的另一個方法，即是將現象加以記錄的方法。比如以事件作爲詩的題材來表現的方式。事件或話題會成爲詩人愛用的題材，是因爲事件或話題具有多樣的意義，是活生生的教材，事件或話題也帶給人深刻的印象，可以收到借題發揮的良好效果。以事件入詩又可以反映詩人對現實動向的敏感，而最重要的是透過詩，詩人可以表示其對事件的立場、態度。事件詩可能是詩人借用來作政治、社會發言的一個直接的途徑。事件詩的多量創作，或許正是戰後本土詩人顯示其熱中於社會、政治參與的一個表徵也說不定。比如說戰後以「二二八事件」爲主題的詩，數量不少，其中就可能各有表現的焦點，或置重點於事件的敘述，或深化悲哀情緒展現理想主義、人道主義的精神，但共通地都含有政治批判的意圖。而戰後的本土事件詩所伸展的觸角實極爲廣遠，社會、環保、政治事件全部囊括在內。

雨水

從變色的天空洒落下來
鎮暴部隊的盾牌
在閃電中發光
武裝警察的棍棒
在雷擊中發亮

城市
出現了一個新的邊界
一邊是手無寸鐵的群眾
一邊是瓦斯槍催淚彈
從民生路民權路到民族路
僵持在潮濕的夜色裏

李敏勇的這首〈戒嚴風景〉，即以當前臺灣現實社會中層出不窮的示威遊行爲題材，用簡單精鍊的意象，把現場緊張對峙的畫面，生動地記錄下來。詩本身看來只提供了「錄影和重現」的場面，詩人也基於旁觀者而存在，卻可能間接地促成、引起讀者的強烈感動和情緒。作者有意識地、巧妙地選擇與捕捉他所要傳達的畫面，造成了莫大的感染效果，確實是一篇成功的話題詩。

揭開歷史的假面
今天，讓所有認識和不認識的你我
互相牽手在一起
用力向天空喊一聲：永遠的二二八
因爲公理與和平即將來到

鄭炯明的〈永遠的二二八〉一詩的結句，透過情緒性的表現，不只提示了作者的理念、主張，顯示出作者的希望和祈願，也有喚起讀者（群衆）的激情和共感的效果。所謂；

……口號不是詩，但是詩必須成爲可以被大眾接受的口號。⑨

事件詩作爲本土詩一種表現的型、形式，既呈示了本土詩人介入、參與現實的心情，宣洩了他們的熱情，也造成詩大衆化的可能性，產生了現實的「喚起人心」的功能。

本文基於筆者自身的觀點，提示了戰後臺灣本土詩的發展和特質相關的問題，概言之，本土詩人擁有強烈的關心時代、凝視現實的創作態度，其歷史經驗與現實意識投影於其作品中，往往能以記錄一己的精神史，來展現、把握時代的精神史。戰後的臺灣本土詩大抵是追求主題、凸顯問題意識的詩，不存在有語言遊戲、逃離現實的消極姿勢，但是，戰後的本土詩的傑作並未因此失去其光彩，也不至於墮落爲宣傳的口號或索然無味的文字的分行，主要的原因乃在於：戰後的詩人多自覺地持有表現（方法的探求）和現實（題材的選擇）雙重的意識。如前面提起的戰後詩具有多樣的風貌，敘情、知性、哀愁和感性，理念和思考，實各有典型。這些筆者在本文中所未論及的其他的特質或問題，在全面性地理解戰後臺灣本土詩之際，當然也是值得未來探討的課題。

【附註】

① 參見陳千武〈臺灣現代詩的歷史和詩人們〉，收入鄭烱明編《臺灣精神的崛起》，一九八九年十二月，頁四五一。

② 參見陳千武〈臺灣新詩的演變〉，同上鄭編書，頁一四一。

③ 參見同上陳文，頁一一一。

④ 參見吳潛誠〈臺灣在地詩人的本土意識及其政治涵義〉，《文學臺灣》第九期，一九九四年一月，頁二〇八。

⑤ 參見筆者作〈戰後臺灣本土詩運動的發展與成熟〉一文。《現代學術研究》專刊，一九九一年五月，頁七五。

⑥ 參見北村太郎〈投影の意味〉，收入《現代詩大系1》日本詩潮社，一九六五年四月，頁三四。

⑦ 引用陳千武詩〈屋頂下〉一節。

⑧ 參見陳千武〈臺灣詩的外來影響〉，《笠詩刊》一四六期，一九八八年八月，頁二〇。

⑨ 參見中村稔等編〈現代的詩和詩人〉，日本有斐閣出版，一九七四年五月，頁九二。

叁、戰前臺灣作家研究

一、人的確認——試論賴和的人本意識

二、論戰前在臺灣的日本人作家和作品

三、西川滿文學研究

——以其臺灣題材之創作爲中心

人的確認

——試論賴和的人本意識

一

「頭顱換得自由身，始是人間一個人，生平此外無他願，且自添衣更加飯……」這是賴和所作〈飲酒〉詩中的一節。「始是人間一個人，生平此外無他願」的心情，可以說是基於回顧人存在的立場，經由「人的確認」而產生維護人的尊嚴之心情。人間最寶貴的人本意識。

作爲臺灣新文學運動的開拓者之一賴和的一生，不只透過了醫生的職業，維護人的肉體，更且透過文學創作來維護人的精神。在他的作品中，成爲底流而潺潺地流著的可以說是一種對於人的關懷，對於弱者打抱不平的憐憫，對於暴虐以及強制的抵抗，而且，透過這種「文學實踐」，他時時在歷史的陰影及渦流中，回顧「個人」的存在，基於此，他的作品不只具備了長久以來人類所尊崇，致力於追求的共通的人性維護的特質，而且也具備了特殊的時代意義。

形成賴和人本意識的背景，可以說是他的歷史意識與時代意識。我們首先對此加以考察。

賴和生於一八九四年，正是臺灣近代史上重要的一年。日清戰爭在這一年發生，而造成了一八九五年，臺灣割讓於日本的慘劇；歿於一九四三年，臺灣實施徵兵制度，太平洋戰爭接近後半期的一年。可以說，在他的一生中，不管是在歷史、政治、文化、諸方面都有很多的波折，時代的客觀條件也發生相當多而影響巨大的變化。而他以知識人的身份，正是浮沈於諸般動盪的波濤之中，度過了全生涯。

首先，在歷史方面，從日軍接收臺灣，臺灣民主國成立，中華民國誕生，第一次世界大戰爆發，一直到太平洋戰爭爆發為止。不管內外局勢都顯示了千變萬化。而做為殖民地臺灣的一個人，他首先感到成為亡國奴的深刻印象，影響他後來的文學創作及參與文化啓蒙運動，不言可喻。他的堅持以漢文創作，更顯示了他具有強烈的民族意識，也正足以說明，他具備了凝視個人在歷史中存在的清醒意識。

在政治方面，他的生涯的前半段，乃是臺灣武裝抗日運動蔚為盛況的時期，經歷了大大小小的抗日政治事件，如北埔抗日起義、林杞埔抗日起義、羅福星抗日事件、西來庵事件、治警事件、二林事件、霧社事件等等，有些是基於政治因素，有些是基於經濟因素而導發的這些抗日行動，對於關心現實，具有敏銳的知識人心靈的他，當然有很大的刺激，他不只是贊同這些運動，更大力地在文學作品中宣揚反抗不屈的精神。後半段，則如臺灣議會請願、各種聯盟成立、民衆黨的解散等等，漸漸轉向溫和抵抗的臺灣政治局勢中，他不只在文化方面參與了啓蒙運動的行列，而且在新聞大量發表作品，繼續透過文學的實踐來參與現實。可以說，他的時代意識始終是敏感而尖銳的。

在文化方面，他親逢了五四新文學運動，以及臺灣的新文學運動，參與了從萌芽時期到開展、成熟、高潮時期的文學運動，他成爲獨樹一格的作家，具有領導文學界的位置，影響了不少後進，而他的文學態度，始終保持與歷史、時代、民衆，緊密的聯繫。因此，他的創作意識與歷史意識、時代意識一直是共通並存的。

也就是說，在客觀的歷史、政治、文化的時代背景之下，作爲文學家的賴和，由於他的歷史意識而呈現了忠於表達時代苦難、人間不平等的傾向。而其選擇作爲表現的方式，最主要是以小人物、弱者、被壓迫的人之立場發出不平之鳴，展開現實的批判及抵抗。因而，賴和的人本意識之形成可以說是，他文學的形式和內在的時代意識、歷史意識相互結合的產物。

三

呈示賴和人本意識特質的第一個性格，乃是弱者的性格。以人物爲中心展開描述，可以顯示賴和小說的一個特有的方式。而在多數以人物爲小說主題的作品、人物都是具有弱勢的性格，或相對地屬於劣勢受到壓抑的性格。

在〈一桿稱仔〉中，秦得參乃是貧窮出身，受到了警吏的無理刁難，走投無路，落得慘死的小人物。在〈不如意的過年〉中無辜的孩童，乃是具有脆弱受到大人欺侮，成爲洩憤對象冤屈的存在，雙重的弱者。在〈可憐她死了〉中的阿金，也是薄命，而在受到欺騙、暴力蹂躪之後死去的苦命人。〈善訟人的故事〉的林先生也是屬於社會上無力、有冤無處訴的弱者。〈豐作〉以經濟剝削作題材，表達的也是蔗農共通而無力的弱者形象。

而這些弱者的形象，在賴和的小說中，特別再三地強調無以反抗、無奈而卑小的模樣，無非是藉弱者的形象顯示一種逆說。賴和曾在〈辱〉一篇中，有過如下的描述：

……我想是因爲這個時代，每個人都感覺到，一種講不出的悲哀，被壓縮似的苦痛，不明瞭的不平，沒有對象的怨恨，空漠的憎惡……但是，每個人都覺得自己沒有這樣的力量……。

這可以顯示他對時代的一種悲觀的感覺，但是，由於透過無奈的形象，他能正面地抨擊施以壓迫的「暴力」的存在，或者，替喪失人的立場的人們，奪回人的立場，產生鼓舞人的復權之力量。如在〈一桿稱仔〉的結尾，對於人的存在提示了價值與意味：

……「人不像個人，畜生，誰願意做，這是什麼世間，活著倒不若死了快樂。」他喃喃獨語著，忽又回憶到他母親死時，快樂的容貌，他已懷抱著最後的覺悟。

在這兒，以對立於生、解脫痛苦的死之憧憬詮釋人性的尊嚴，終究，秦得參的死是強而有力的，因爲：「……一個夜巡的警吏，被殺在道上。」他採取了「以力抗暴」的行動而顯示了「人」尊嚴的勝利。又如在〈善訟人的故事〉藉群衆贊同同情林先生告狀的描述：

……這張狀紙會被這樣多數的人所傳誦，就因爲這意見是大家所贊成的，不單只是城裡的人，就是村庄的做穡人，聽著這事也都歡呼起來，多數的人，可以講除起志舍一派以外，多在期待著這風聲能成爲事實，同時林先生也就爲大家所愛戴了。

藉民衆送別林先生的對話，表現了擁護弱者，蒙受冤屈的心情：「……『林先生，保重，公道還未滅亡呢！』……「林先生」的受到支持佔了許多篇幅去描寫，正是有意加強表現人道擁護的精神。而他對於蠻橫、不正、強權的諷刺也是顯示弱者抵抗的方式如〈不如意的過年〉裡：

……在查大人的思想，官事一點也不容許人民過問，他本無爲難這兒童的意志。但到現在就不能隨便了事，怕被世間誤解，以爲受到抗議才釋放他，這很關礙做官的尊嚴。

……做官的不會錯，現在已經成爲定理。所以就不讓錯事發生在做官的身上……

在這兒，暴露了蠻橫的權威，違反人性的一面。在〈豐作〉中則：

……他們不惜工夫，將另外一臺甘蔗仔細量過，暗做記號，和別的一齊給運搬機關車牽走去。經過磅庭，領出甘蔗單，這一意外，使兩個甘蔗委員，也驚到吐舌來，差他們量過的約四千斤……兩個甘蔗委員，和一個警察大人，便同時立到磅臺上去，警察大人看到所量的結果，自己也好笑起來。

藉對於不正的暴露與嘲諷牽引出保正伯與添福的對話，顯示受到迫害的人無奈而暗默的抗議。

總之，賴和是藉著描述弱者的形象——暴露出受迫害的人性尊嚴，或以相互對比的方式，或以同情弱者，揶揄不正的形象，或以顯示弱者不屈的形象，通過逆說的表現，來批判違反「人本」的立場、醜惡的現實與形象。而受到壓迫的「人」，不只是顯示了「個」的存在，也重疊了時代的影像，弱者是個人，也是當時被殖民、受到壓迫的臺灣全體的形象。

四

呈示賴和的人本意識特質的第二個性格是反抗的性格。這種反抗的精神，正符合了他在〈吾人〉詩中所吟詠的：「鬱鬱居常恐負名，祇緣羞作為牛生，世間未許權存在，勇士當為義鬥爭……」。可以說是具備了覺悟下的犧牲之精神與勇氣。

基本上，他的反抗性格的出發點，乃是基於弱者單單成為弱者，只會受到更大的迫害，淪於更悲慘的結局認知，在〈覺悟下的犧牲〉一詩中有：

弱者的哀求
所得到的賞賜
只是橫逆　摧殘　壓迫
弱者的勞力
所得到的報酬
就是嘲笑　謫罵　詰責

可以說是在延續了維護弱者的心情之餘，欲圖避免成爲永遠的弱者。而且基於弱者的立場，鼓舞弱者自身奮起，即使犧牲必跟隨而來，也須以覺悟的心情去接受。

同時，他的反抗精神還具備有產生一致的、可以追尋理想的願望，以及「絕處逢生」的強烈期待，而藉以超越克服劣勢的地位。在〈流離曲〉㈢「生乎、死乎」的結尾，他如是寫著：

天的一邊　地的一角
隱隱約約　有旗飄揚
被壓迫的大眾
被榨取的工農
趨趨　采采
攏列旗下去
想活動於理想之鄉
……
去　去
緊隨他們之後
尚有強健的脚和手
且有耐得勞動的身軀

在這首〈流離曲〉長篇詩中，作者是以「個人」的處境作中心主題，從做爲人所關心的最切身、最密接於生活的苦境來作呼喚及吶喊，也就是說基於底層的人「活下去」的願望來揭示人間的條件，及爲了追求人間的條件所須付出的努力。而在結尾的前段顯露了共同體意識，以群衆爲共同意志的基礎，後半段則仍然回歸於個人，正是兼備了個人的抵抗意識以及共同體的反抗心情。而如在〈南國哀歌〉中，露骨地表達了奮起拚鬥的意志，堅強的人的意志：

兄弟們　來　來
來和他們一拚
憑我們有這一身
我們有這雙腕
休怕他毒氣　機關槍
休怕他飛機爆襲彈
來　和他們一拚
兄弟們
憑這一身
憑這雙腕

表現了極爲強烈的「理想主義」色彩、赤手空拳的意志，還是聯結於弱者的心情和立場來加以呈示。

值得注意的是，大多數的賴和的抵抗詩，多是基於抗議「事件」，有其創作的背景而誕生的，如〈南國哀歌〉係爲哀悼霧社事件而作，〈覺悟下的犧牲〉則附有「寄二林事件的戰友」的副題，係針對二林事件（蔗糖問題而發生）而抒感，〈流離曲〉也有其「退職官拂下，無斷開墾地」事件的背景，表達了當時農民共通的流離失所之困境與抗議。類似此種創作的方式，可以看出他企圖在透過抵抗、反抗的精神、顯示人的不屈意志、人和存在的纏鬥對峙之餘，也有表達對活在殖民地臺灣的「人」、「群衆」共同參與的政治、經濟抵抗運動之共鳴與支持，在這裡也顯示了他的時代意識與反體制的意識。

五

不管經由呈示弱者的形象，或呈示反抗精神，賴和在揭示、表現他的人本意識之際，其文學魅力實在令我們可以深深的感受。因爲除了他所追求的「人的復權」乃是文學永遠的主題、人類的美夢之外，他的文體淡泊的氣氛也令人回味再三。那使他的筆觸顯得十分溫文而柔和，往往能夠自然地、恰如其分地刻畫出他的人物、事物。特別是對於小人物正直、可愛、樸實的刻意強調，如〈惹事〉中具有憐憫不平之心的我，〈一桿稱仔〉的秦得參，〈可憐她死了〉的阿金均是例子。

賴和致力於傳達殖民地臺灣被壓迫的狀況，並顯示了他對「喪失故鄉」，成爲亡國的人之哀愁，對蠻橫的權力、現實的醜惡加以抵抗。在本質上，和他致力於揭示人本意識的作爲是共通而互爲表裡的，從個人存在的意識，而體認關聯一己的歷史意識、時代意識，透過文學作品，給予這種聯結形式與實質，藉此而奪回所有背負了黑暗宿命的「人間的條件」、「生的條件」，有其永恒而不變的價値與意義。

（發表於臺灣文藝八十期，一九八三、一、十五，一九九三年十月修正稿）

論戰前在臺灣的日本人作家和作品

一

基於種種的因素，戰前臺灣新文學和日本人作家的相關研究，一直是未受到重視的一個領域，即使在資料的整理方面也呈現著還未起步的混沌狀態，更不用說深入的專題研究了。事實上，戰前臺灣文學發展的過程，無法否定地，日本人作家曾經活躍過，擔負了一定的任務，有其存在的歷史意義，而且，對於此一部分的研究與闡明，也有助於解決戰前臺灣文學史上若干糾纏不清的複雜問題。比如說探討一九三七年以後，步向戰爭時期的臺灣新文學的發展，特別是存在於此一時期文學史的底層，必然會涉及的「皇民文學」的問題，固然可以從當時臺灣本土作家的處境，作品表現的內涵、特質等方面來加以推論，提出解釋。也可以從對極的角度，諸如當時日本統治下的文藝（文化）政策與文學發展的相互關連，日本人作家和臺灣人作家糾葛的模樣，乃至日本人作家的風格、作品風貌的解析，相關文藝雜誌的內容分析等等作爲線索，透過不同的方位來鳥瞰，獲得解答。而若將日本人作家與作品視爲是臺灣文學發展史中獨自衍生的一個系譜來看待，重新加以定位，以今日致力於建立自主性、主體性臺灣文學的迫切時期而言，更是一件不可或缺、急待進行的補殘工作。

戰後對於日本人作家與作品的整理、研究，在作品的翻譯方面，除了陳千武介紹過少數西川滿的小說、北原政吉的詩之外，並不多見。而針對此一專題所作的全盤論述也只有少數幾篇文章而已。就中，日本文學評論家尾崎秀樹的〈決戰下の臺灣文學〉（收入其所著《舊殖民地文學の研究》一書）一篇，對於一九三七年以降，步向戰爭時期的臺灣文學相關的種種問題，如時代環境、文學狀況、具代表性作家內心的苦悶、特別是日本人作家作品的特質、臺灣人作家與日本人作家的互動關係等都作了詳細的剖析和說明，其觀點比較客觀且相當明晰，對於研究者之基本問題意識的啓蒙頗有助益。郭千尺的〈臺灣日本人文學概觀〉（發表於《臺北文物》二卷三期）則參考戰前、戰中的資料，純粹就日本占領臺灣以降，日本人作家的活動（包括新舊文學）分門別類地加以整理、敘述，然而，對戰時文學的說明卻十分簡略，似嫌不足。至於作家方面的研究，最近張良澤發表過西川滿論（如文學季刊二卷三期〈戰前在臺灣的日本文學～以西川滿爲例〉）引發了若干爭論的意見，其觀點似乎有意對作家西川滿作一歷史的定位。也算是一種新的嘗試。

可以說，上述的幾篇專論，對於戰前在臺灣的日本人作家與作品的研究，或多或少地，都提供了各自獨特的觀點，也指出了研究者應遵循的方向和問題的所在。然而，以今日的眼光來眺望（顧及當前時代與歷史的意義），回歸原點，在著手進行戰前臺灣新文學與日本人作家相關的研究之際，其所應包含的仍然不外乎1.戰前在臺灣的日本人作家和作品的歷史定位2.戰前在臺灣的日本人作家和作品（特別是所謂「皇民文學」）的內涵、特質所在，兩個主要的課題。在本論文中，筆者擬提出一些個人的看法，針對涉及此兩項課題的若干基本前提先行加以討論。

二

首先，吾人必須面對的即是：在臺灣文學史的脈絡上，如何安排戰前在臺灣的日本人作家之位置此一問題。也就是日人作家的作品是否可以代表或成爲臺灣文學的一部分？對此一疑問可以不同的角度提出解答。第一種是以作家本身與臺灣風土的關連程度來考量，黃得時在其〈臺灣文學史序說〉一文中對於臺灣以外地區出身的作家曾加以分類，（**a**、永居臺灣且在臺持續從事文學活動。**b**、一定期間居留於臺灣從事文學活動，其後離臺者。**c**、從未來過臺灣且在臺灣以外地區從事文學活動，只是曾寫過有關臺灣題材的作品者。）而提出以下看法：

> ……臺灣文學史採擇納入的範圍，應以臺灣出身且於臺灣從事文學活動，及臺灣以外地區出身、而永住於臺灣繼續從事文學活動者爲主，一時居留者和具其他情況者則僅依其必要而予以納入，……既從事文學史的創作，若其文學活動是在臺灣展開，則不問原住民、本國人均宜列入文學史之範圍，方屬正當。①

比照戰前關涉於臺灣文學的日本人作家，大抵可區分爲三種類型1.曾來過臺灣旅行或短暫居留，根據其印象、感想、收集的資料而寫成紀行文、遊記、文學創作的作家，佐藤春夫的〈旅人〉〈女誡扇綺譚〉，春山行夫的〈臺灣植物雜記〉都是典型的例子。2.自日本移住臺灣，有過一段時期居留、生活於臺灣而從事文學創作的作家，在決戰時期活躍於臺灣文壇的作家多屬之；如西川滿、北原政吉、濱田隼雄、坂口䙥子等均是。3.在臺灣出生，成長，於戰中或戰後撤退返回日本的作家，如庄司總一、尾崎秀樹等皆屬之。若依循前面黃氏的主張，則上述分類中的日本人作家，具必要性者均可列入臺灣文學史的範圍，似無疑義。第二種是以其作品的表現、內涵，乃至意識爲定奪之標準，葉石濤在〈光復前臺灣文學全集總序〉中所論：

……儘管我們鄉土文學不受膚色和語言等的束縛，但是臺灣的鄉土文學應該有一個前提條件；那便是臺灣的鄉土文學應該是以「臺灣爲中心」寫出來的作品；換言之，它應該是站在臺灣的立場來透視整個世界的作品……他們應具有根深柢固的「臺灣意識」……臺灣鄉土文學上所反映出來的，一定是「反帝，反封建」的共通經驗以及篳路藍縷以啓山林的、跟大自然搏鬥的共通記錄，而絕不是站在統治者意識上所寫出來的、背叛廣大人民意願的任何作品。②

若依循此一觀點，則戰前日本人作家的作品，特別是決戰期的皇民文學作家及其作品，均可能或必須被排除於臺灣文學的範疇之外。第三種是代表了戰後日本人，基於回顧自身前一階段（戰中）的歷史（或文學史）時形成的看法，不限於臺灣一地，而可以籠統地顯示出，當時在日本統治下的殖民地（包括朝鮮、滿州）曾經存在過的日本人文學之地位與困境的觀點。以滿州文學爲例：

……乃是昭和時代在滿州一地所寫的文學，……以滿州及其周圍爲舞臺，表現與其有所關連的人物之文學作品，居住於該地者所創作的作品，或到該地旅行者對其土地、風物的記錄、還有對那些作品的批評與研究，此即『關於滿州的文學』……。③

對當時在滿州的日本人文學家而言，則「文學的主題亦即是滿州國的主題」，因此從戰後的觀點來看：

……滿州文學即是出自滿州此一虛幻之國，滿州國人此一虛幻之國民，用以表現「個人幻想」的世界的東西，同時，那也是透過滿州這一鏡像反映出來的昭和期日本人對於自身的幻想……。④

把上面數段文中的滿州改爲臺灣似乎也可以成立。因而，持有此一觀點的評論家遂共通地，以「異鄉的昭和文學」來稱呼當時居於日本殖民統治下，各地區的日本人作家所寫的作品，而如此地加以解釋：

……「異鄉的昭和文學」的異鄉是意指著相對於「內地」（日本列島）的「外地」（朝鮮、滿州、臺灣），昭和日本人的精神內部的「又一個故鄉」，近代精神彷徨的終局所尋獲的定點……。⑤

十分富含文學性的此一論點，也未嘗不可以移用來檢視戰前在臺灣，日本人作家或作品所占有的歷史位置，但卻也提示了其所面臨的困境：對於臺灣文學而言，對於日本文學而言，到頭來那些都可能只成爲『異鄉的文學』四處飄蕩而無所適從，難以定位。

事實上，上述的三個觀點，對於戰前在臺灣的日本人作家及其作品之定位，都提出了各自的主張，可供參考的意見。並且提示了當時日本人的文學可能或應該納入臺灣文學的一部份，但也可能是一種具有昭和（日本）的異鄉（或外地）文學性格的東西，兩面性的認識。不管如何，如果能將否定其存在意義（完全不屬於臺灣文學或日本文學）的激情論調排除，對戰前在臺灣的日本人作家之困境，還是可以經由比較中庸的歸類法（類似上述的雙重認識），來加以超越、克服。

至於如何比較客觀地去理解、描繪當時日本人作家或作品所呈現的特色，尤其是那些到今日仍具備有歷史意義，不同（異質）於臺灣本土文學的風貌。我們似乎可以再回頭看看戰前的史料，從中尋取答案，在此，筆者擬從所謂「外地文學」及其相關問題出發，來作進一步的討論。

三

所謂「外地文學」的概念，其實是用來指陳戰前在臺灣的日本人作家和作品的特殊性而創造出來的，主要的目的，乃是用來與日本本土存在的「內地文學」作一區別。當然也具有與臺灣本土（所謂本島作家和作品）文學作一區分的意味。在此一概念下，日本人作家和作品當然地被視爲日本文學的一支，卻也成爲獨特的一個系譜而存在。

對於外地文學的提倡和解釋，可以戰前在臺灣的日本人學者、文學評論家島田謹二和中村哲兩位的觀點來考察。島田謹二的外地文學觀，可以視爲是具有指導當時文壇（特別是對日本人作家）創作方向的文學論。他的觀點受到法國比較文學理論的影響，著眼於強調樹立殖民地特色的文學。

……外地文學應直評爲殖民地文學……法國人的外地文學即是居住於外地的法國人所創作的文學。⑥

……臺灣文學作爲日本文學的一翼，成爲外地文學——特別是南方外地文學是有其意義的。由於和內地的風土、人、社會不同，必然會產生異於內地，獨特的文學。而顯示此種特色的文學即稱爲外地文學。⑦

他的此一文學觀點，其實可以遠遠承接致力於開拓帝國殖民地、西方大冒險時代的浪漫精神，所謂南方憧憬論，⑧是一種不斷地在追尋、去發現夢幻大地，寄託於未知空間的鄉愁意識。而此種浪漫的文學觀自然會導引出對於「異國情趣」（exotisme，或稱異國主義）的追求：

……其文學的大主題是，外地人的鄉愁，及對當地的特殊景觀描寫，還有外地人對當地人的生活解釋。⑨

外地文學因而可以是旅行者的「路過」文學，也可以是外地人「反映鄉愁」的文學，若持有現實的態度，則可能成爲「探求生活」的文學。島田謹二從正面的肯定甚至作了如下的解釋：

……今日諸外國的外地文學，並非放縱懶惰之有閒文學，皆成爲遵從國策，雄健踏實之文學，臺灣文學在性質上，豈不與此同軌乎？⑩

但是他卻沒有明確的指出外地文學之所以會產生此一「政治態度」的緣由。相反地，中村哲卻從批判的角度對此提出了說明。對於異國主義，他作了如此省察：

……正如字面顯示，異國情趣乃是產自異鄉中略帶膚淺的感情……文學作品以異國情趣為創作之動機乃是旁門左道。……在外地文學的誕生期「現實的精神」比一切都來得重要。⑪

對於旅行者的文學，則提出如下的批判：

……旅行者以眞實談論土地的文化，……不只基於一己的方便，逃避了對當地作家的批評，而且在離去後極少對當地的文學持有批評的熱情。⑫

眞是一語中的的對於外地文學的欠缺眞摯性、淪於淺薄的情緒加以描述。對於「探求生活」的文學更直接指陳其無自覺的「政治態度」：

……對於「探求生活」所必須具備的內面省察未免太欠缺了，……終究文學和政治必須相互結合，但兩者不應是有意圖的結合，應是基於文學意識不能不反映政治意識所致……若只是持有非現實的抽象態度，則可能會走向完全相反的政治的文學。……也由於對政治不關心的態度反而會產生接受「一切」政治的可能性。⑬

透過這樣的指摘，他對「探究生活」的作家缺乏內面的自我省察與凜然的風骨，因而會導致對體制的無抵抗、政治現實的輕易妥協提出忠告。上述中村哲對於「外地文學」負面的觀察與論點，確實銳利的指出了外地文學背負的「殖民地」特色，簡單地會淪爲統治者文化的政策道具之危機所在。外地文學正如島田謹二所指陳的，是遵從國策的文學，通向「皇民文學」方便之途。

以下，擬以當時日本人作家的外地文學代表作品爲例，檢證其具有的「皇民文學」傾向，並對日本人作家「皇民文學」的特質加以考察。

四

舉小說爲例，除去露骨地顯示遵從國策，收入《決戰小說集》（乾，坤二集）中具報導、記錄性，鼓舞士氣的作品（如濱田隼雄〈爐番〉、西川滿〈石炭・船渠・道場〉）之外，比較具備文學價值，曾得過文學獎，當時相當受到注目的有，庄司總一的《陳夫人》，新垣宏一的《城門》、坂口䙥子的《鄭一家》（作品中都具有以外國人對當地特殊景觀、風俗的描寫，對當地人生活解釋之內容）濱田隼雄的《南方移民村》，西川滿的《臺灣縱貫鐵道》，《赤嵌記》（作品中都具有異國情趣，鄉愁意識，新世界的憧憬或體驗）等篇。這些作品不只是道地的外地文學，也各自具備有以下的內涵：

1.皇民化的努力與挫折，如《陳夫人》、《鄭一家》，《城門》的主人公均致力於集團融和，練成皇民的目標（日臺同化的國策），其結果也都回歸於個人內心的衝突，呈現了無力對抗時代（政治權力）重壓的挫敗意識。符合皇民化的主旨：

……日本統治者實際希望的「皇民化」不是臺灣人作爲日本人而活著，卻是臺灣人作爲日本人而死去，成爲優秀的日本人也就是作爲日本人而死，……作家們不准許從此一主題逃避。⑭

2.統治者的立場，居於日本人觀點來強調，《南方移民村》完全以日本人移民爲描寫之主體，無視移民村和臺灣人或原住民的關係，當然更談不上有任何精神連帶，《臺灣縱貫鐵道》完全以日本記者的敘述角度，統治者，侵入他國的日本人的視野來觀察均是例證。

3.膚淺的異國情趣的偏向，傳奇（獵奇）性的趣味表現，西川滿的得獎作《赤嵌記》是典型的例子，逸話式的情節，華麗、舖張的用詞，空洞美與形式，正符合佐藤春夫《女誡扇綺譚》以來異國主義文學的傳統。自然不可能具備自我批判與內省的精神。

4.開拓文學所具備的政治意義，開拓文學的自成一系譜，不限於臺灣，源自大陸開拓的思想，和田傳的《大日向村》，菅野正夫的《與土地戰鬥》，大瀧重直的《光和土》，乃至濱田隼雄的《南方移民村》諸作品均可納入。

……移民非經濟移民，乃國策移民是也，存有移殖日本人於開拓地使其成爲民族發展之地，確保日本永久權益，使成爲日本塀藩、前哨基地的政治軍事思想爲背景。⑮

移民的「建設意志」，「開拓精神」當然是國策獎勵的對象，對日本國內而言，是解決農村危機（人口過剩問題），對外而言卻是名副其實地侵略、霸占他國領土的行爲，濱田氏的《南方移民村》當然是就中南方經營記錄文學的典型，所謂「長久以來作爲義勇隊的建設記錄文學，又成爲開拓地的新文學……」⑯受到極高的評價。以上僅大略舉出數點，即可見出外地文學同時具有皇民文學，以文學作爲國策推行道具的特質，這些戰前在臺灣的日本人作家的作品既是外地文學，也是不折不扣的皇民文學。而膚淺的異國情趣所顯示的浪漫性格，以及透過異鄉風土的認識、生活的體驗而形成的現實性格（轉化爲國策文學的題材）正是支持其構造的兩大要素。

五

最後一個問題是，以今日對文學價值判斷的基準來看，戰前在臺灣的日本人作家和作品，其水準如何？筆者曾在某公開的集會，聽到某文學前輩情緒性的發言，採取蔑視的口吻，完全對其存在的價值加以否定。事實上，我們未嘗不能以比較客觀資料來給予評斷。比如與當時同期的日本人作家作品相互印證，或看看參考當時其所受到各方面的評價。

同樣是納入外地文學的系譜，曾在滿州活躍的詩人安西冬衛的作品，和曾在臺灣文壇意氣揚揚的西川滿的作品就是鮮烈的對比。兩個人均居住於殖民地的現代化都市（大連和臺北）、都寫過摩登充滿感性的詩。

一隻蝴蝶飛渡韃靼海峽　〈春〉

歪斜的太陽又向屋頂那邊墜落了。乾燥的屋頂的裏側床上，監禁著被繩索綁著的女孩。每個晚上，有赤著腳的中國人來強暴她。在他的蹂躪下，少女想像著屋頂的那邊汪洋的河川，在暗鬱的慰藉中，以細瘦的胸辛苦地忍受著。

河川確實是在屋頂的那邊汪洋地流著。

〈河口〉

這兩首詩都收入在安西冬衛的成名詩集「軍艦茉莉」（旅居大連時代的作品集）中，公認為他的代表名作，〈春〉以短短的一行，有無窮的象徵意味，透過漠漠無邊的空間感覺，以一隻蝴蝶鮮烈的意像，塑造出來幻想的世界，表現上十分成功。〈河口〉則以異國都市（大連？）黑暗的屋頂為場景，表現被虐——施虐，被害——加害，恐怖——威脅的對立關係，光和暗的對比設計極為成功。兩首共通地均呈現複雜糾葛的不同的空間（象徵中國和日本）不同的精神、文化的混雜交錯，在小巧的形式中凝縮的國際感覺、時代投影，廣闊而深遠。

黃昏　斑鳩啼叫時，手持聖歌的烏牛欄的番女們。聖母降臨在教堂的屋頂。像新娘一般哦　天上光輝燦爛的火蛇

〈華麗島頌歌〉

月夜

獨自搜尋著

白花盛開的砂灘
而啜泣
不　不
這兒也是捨去舊病地方

〈淡水港〉

這兩首詩都收入西川滿的《全詩集》中，〈華麗島頌歌〉可視爲其典型的詩風格，僅摘錄一段已可見其平凡的詩技法，白描的手法，詩的思考也限於浮面而不深刻。比較前面安西氏的作品差距甚大，不庸贅言。當然，比起安西氏居於日本近代詩史上的地位，西川氏根本難以相提並論。質和層次的差異明顯可見。

至於同時代的作品評價，也不盡然可信，順便可以在此一提的是戰前臺灣的文學獎的問題，不限於臺灣，對外地文學獎，日本統治當局曾大加利用，作爲倡導製作國策文學，促使文學大力配合文化政策的手段。當時在各殖民地設置的文學獎，舉其大者：朝鮮有「朝鮮藝術獎」「國語文藝總督獎」，滿州有「建國紀念文藝獎」「滿州文話會獎」，臺灣有「臺灣文化獎」「文藝臺灣獎」。這些獎選擇的作品大抵迎合時潮，特別是需合乎外地文學的主題要求，（如民族間的融和，糾葛），換言之，在文學獎的「制度」下，有其明確的獎勵目標（皇民化，國語提倡等），多以政治地考量爲先。而在日本國內，昭和初期的芥川獎依統計，⑰也曾政策性地給予以外地（亞細亞）爲題材的作品（候補或給獎計第二、一〇、一二、一三、一

四、一五、一六、一七、一九回）有意大力促成外地文學的興隆。昭和十八年日本文學報國會設置的「大東亞文學獎」（設置過第一、二回外地文學獎）也是有名的。而其實際的評價，以獲得「臺灣文化獎」的濱田隼雄的《南方移民村》爲例，可見毀譽不一，下列一則評論似可作爲評定的一個參考。引用文係當代最負盛名的文藝評論家中村光夫所撰，刊於昭和十七年四月二十一日《都報》的一節：

濱田隼雄氏的《南方移民村》是值得注目的小說。此一長編的第一回非常優秀，後來卻囿於題材一落千丈，令人失望。四月號發表的部分則水準稍有回昇。作者似乎對其題材十分有所偏愛，在此願勸他不惜辛勞多作修改。文學的處女地開拓與移民村荒地開拓相同，都需要堅忍執拗的努力。⑱

還有一個事實足供參考的是，戰後代表性的近代日本作家事典（小田切實編），對戰前臺灣的文學者，僅收入島田謹二、西川滿、工藤好美、濱田隼雄、矢野峰人、坂口䙥子、中村哲等數人，也可看出戰前在臺灣的日本作家，戰後在日本所受到的評價與佔有的地位。

六

總之，戰前在臺灣的日本人作家和作品的研究，特別是上面所提起的決戰期作家的諸問題，在重新建構自主性的臺灣文學史之際，是必須澄清的一大課題，而如皇民文學的本質之探究，由於其具有隸屬於政治「國策文學」的特色，甚至可以視爲臺灣文學史上共通的問題，涉及歷史與政治對作家和作品可能產生的影響，作家的精神和處境的反映，因時代不同而顯示的相同或不同的本質、內涵、狀況反應（如戰後也有國策文學的問題），還有文學現象（如文壇的糾葛模樣，戰前是臺灣本土作家與日本人作家的並立，戰後是本土作家與中國大陸來臺作家的並立）等等，十分耐人尋味，均是今後值得深入加以考察的主題。

【附註】

①參見黃得時〈臺灣文學史序說〉一文，《臺灣文學》三卷三號，一九四三年七月，頁三。

②參見葉石濤〈光復前臺灣文學全集總序〉遠景版《臺灣文學全集》一，一九七九年七月，頁一〇～一一。

③參見川村湊《異鄉の昭和文學》，岩波書店版，一九九〇年十月，頁二一。

④同上，頁二三。

⑤同上，頁二六～二七。

⑥參見島田謹二〈ジアン・マルケエの佛印小說〉一文，《文藝臺灣》三卷一號，一九四一年十月，頁三七。

⑦參見島田謹二〈臺灣文學の過現未〉一文，《文藝臺灣》二卷二號，一九四一年五月，頁一三。

⑧參見竹內健〈南方憧憬論〉一文，收入粟津則雄編《ランポオの世界》，一九七六年十二月，頁一八〇～一九八。

⑨ 參見注⑦，頁一六。

⑩ 參見注⑦，頁一二。

⑪ 參見中村哲〈昨今の臺灣文學について〉一文，《臺灣文學》二卷一號，一九四二年二月，頁二。

⑫ 同上，頁四。

⑬ 參見中村哲〈臺灣文學雜感〉一文，《臺灣文學》三卷一號，一九四三年一月，頁三。

⑭ 參見尾崎秀樹『決戰下の臺灣文學』一文，收入《舊殖地文學の研究》，一九七一年六月，頁一八〇。

⑮ 參見注③，頁三六。引用矢內原忠雄《滿州問題》，一九三四年，岩波書店版，〈移民〉一項。

⑯ 參見注③，頁四六，引用福田清人〈大陸開拓と文學〉內文。

⑰ 參見注③，頁一四三～一四五。

⑱ 參見菅原庸眞〈《南方移民村》について〉一文，《文藝臺灣》四卷六號，一九四二年九月，頁一〇九，引用中村光夫的文章。

（收入紀念鍾理和臺灣文學學術研討會論文集要頁八一～九七，一九九二年十一月高雄縣立文化中心出版。）

西川滿文學研究

——以其臺灣題材之創作爲中心

一、序論

今年高齡八十九卻依然活躍如昔的西川滿氏（一九〇八～），究竟是什麼樣的人物？在漫長的生涯中，他曾經扮演過衆多的角色，諸如：報社副刊和雜誌的編輯者、小說家和詩人、臺灣文學和歷史的研究者，豪華典雅限版書的製作裝幀專家，甚至是一位神秘的星座占卜家和宗教教祖（媽祖天后會總裁）。而且，他上述種種的行業可以說，大都與文學有著密切的關連，其實際的業績，遑論非文學性的文章，單單是小說、詩、童話、隨筆、傳記、民俗方面等文學著作綜合起來就已超過了百部。依此看來，將他視爲一位努力、多產的文學作家，應該是毫無問題的。

問題是，西川滿這樣一位文學家，不管他自身的意願如何，終究不能不宿命性地，被置於歷史的脈絡中去定位，去看待，是幸運或者不幸？占據他文學活動的主要部分，正好覆沒於臺灣新文學運動發展過程中至爲敏感的一段時期，亦即所謂決戰期（一九三七～一九四四），日據末期皇民文學巨大的暗流洶湧狂蕩的時代。他的存在剛好橫跨、重疊在軍國主義日本和殖民地臺灣二個時空領域裏，就「日本的」座標軸而言，他隸屬於昭和文學史～有人特別以異鄉的、外地的昭和文學來稱呼～的一部分：

……異鄉的昭和文學的『異鄉』指的是對應於內地（日本列島）的外地（半島、大陸、島嶼），同時，也意指著昭和日本人內部的另一個故鄉，近代精神彷徨終結之際，勢必尋獲的定居之所。所以它不單是域外之地，異鄉這一詞彙，若以外地、殖民地、亞細亞等語詞來替換，則正是意指著某些失落了的東西……。……滿州（昭和的異鄉）文學所表現的乃是，滿州此一虛幻國度，滿州人民此一虛幻國民的『個人幻想』，……亦即反映投射於滿州國鏡像中，呈現出來的昭和期日本人抱持之自我幻想。①

確實如上所述，將文中的滿州改為臺灣的話，在戰前日本殖民地臺灣活躍過的日本人作家，他們構建的異鄉、外地文學，（如同朝鮮等其他殖民地的日本人作家），所意謂的也可能是透過虛構的幻象投射映照出來的，昭和期日本人的自我幻想，所謂某些失落了的東西，隨著日本的戰敗，軍國的瓦解，戰後的到來，更充滿了可能從文學史中幻滅，消失無蹤的危機。

而就「臺灣本土的」座標軸來看，則西川氏主要的文學活動與內涵，正足以顯示和代表決戰期臺灣皇民文學之典型與特質，對其作一環顧之際，基於戰後改朝換代的政治意識，以及由於臺灣曾淪為殖民地的現實激發出來的民族意識，必然形成理也理不清的「政治與文學之間」重重的糾結，類似煙霧的政治迷障，往往帶來偏頗的見解，甚至採取完全無視的態度。而不管是從文學歷史的長流中消逝無蹤，還是被置之不理，陷落於兩面不討好的窘態中，自然地，會導致後起的論者對如西川滿氏一般決戰期的作家或作品，極爲主觀的價值判斷，使之遭遇被雙方的記述蓄意地遺忘、捨棄，乃至完全抹消的命運，或者充其量，只純然成爲一個被批判、譴責的對象，負面的存在，或者有意、無意地，對其產生種種牽強、歪曲的解釋。如此的失誤和充滿先入爲主的偏見，特別是在當前，致力於自立性、主體性臺灣文學史建構的時刻，更易於產生、存在自亦不足爲奇。因此，文學家西川滿的研究，如同決戰期在臺灣的多數日本人作家（乃至皇民文學全盤）的研究一般，有一段相當長的時期，曾陷落於政治的迷障中，難以釐清，無法有所進展。所幸，由於最近數年來，若干學者的努力，已漸漸透露出一線的曙光，諸如：旅日學者張良澤氏的〈戰前在臺灣的日本文學~以西川滿爲例〉②一文，就開了先聲，文中論點雖有些許不周延之處，卻努力回歸於作者本身，探討其文學活動的軌跡與意義，試圖作一評價。近藤正已氏的〈西川滿札記〉，③則透過對作者年譜的構建與重整，從作家的生涯和主要作品，來論述西川文學具有的風貌與特質，並嘗試給予歷史定位，而集中焦點於西川滿氏居留臺灣時期，對其當時的文學活動和相關作品加以分析論斷，也提示了極具啓示性的觀點。中島利郎的〈西川滿備忘錄~西川滿研究現狀〉④以及〈西川滿和日本統治時期的臺灣文學~西川滿的文學觀〉⑤兩篇論文，則本著過去對西川滿評價和議論的諸多資料，並透過對西川滿自身文學觀點的解析，企圖突破層層政治迷霧和過度武斷的意見，理清和呈示西川文學的脈絡，重新認定西川滿在文學史上應有的位置。上述幾篇勞心之作，雖各自有其方法與著眼點，但卻幾乎不約而同地，提出了兩項堪稱客觀的結論：(一)努力排除非文學的論點（諸如對西川個人性格特質、作風的主觀推斷，基於政治因素所作的評斷等），從而澄清、認定西川滿作家的位置（歷史地位），指陳其文學具有從日本文學延伸出來的，地方主義文學或外地文學的性格，既有當時皇民文學的質素，也有可能蘊含著不同於內地日本文學的質素。因而，可能從回歸作家西川滿的文學活動，文學創作業績等基點上，綜合地，對其重新加以評價(二)認定西川滿是日據時代在臺灣殖民地居住、生活過的重要日本人作家。基於其參與的文學活動，足以顯示當時文學史的剖面（譬如：推動當時文學發展的因素，當時顯露的文學現象和模樣，浮現當時文壇構成體的臺灣作家和日本作家之間的相互影響、對立狀況等）。又基於其文學的內涵，特別是若干臺灣相關題材的創作，具有充分映照當時「臺灣的」特質（如他的臺灣小說、詩中所呈示的臺灣風物、語言的特色）的一面，縱然他的表現語言是日語，他的作品中欠缺對臺灣人處境深刻的觀察與解析，作爲當時在臺灣具有代表性的日本人作家，西川滿的所謂「臺灣的文學」，依然可能反襯那個時代特殊的文學狀況，持有非凡的意義。因此，西川滿同於當時在臺灣的其他日本人作家，都是那一段時期臺灣文學史不可或缺，難以抹消的一部分。上述兩個結論，前者是針對西川滿，其個人的文學，或作爲一個日本人作家的文學，重新論定，後者則是對西川文學的臺灣關連，特別是對他在戰前、日據時代臺灣文學史位置的認定。應該是相當持平之見解。也就是說，西川文學的研究，由於上述若干具有建設性觀點的提出，增加了未來可能進展的前瞻性。確實地，擺除種種不必要的偏見或無益的政治觀點之介入，可以讓西川滿的文學在一般共同認定，比較客觀的基準上，重新作一考察和評價，謹慎地，作出更爲適切的文學史定位。

西川滿的文學，可以被視爲是異鄉的昭和文學，戰前日本文學的一個異相。但是，既然也與臺灣時空座標息息相關，基於其文學活動、文學題材和內涵，他的作品自然也有可能被視爲是日據時代臺灣文學的一部分，實有必要純然回歸文學的角度，作一更爲深入的理解。而對其臺灣題材相關創作群進一步的研究和解析，應該是理解其文學基本風格，發掘其創作原點，一個最爲有效的方法。

二、臺灣對西川文學具備的意義

臺灣對西川滿文學世界的完成，所具備的意義確實是無與倫比的。他的前半生，從三歲來臺以降，至三十九歲隨船撤退返回日本，漫長的三十數年間，作爲一個文學家，可以說，自出發期、修練期、（如：中學時代開始習作，創刊文學雜誌《櫻草》等），過渡到成熟期、活躍期（如：大學畢業再度抵臺，參與報社編輯，創刊《文藝臺灣》，積極從事文學創作和文學相關活動等），理所當然地，均是以臺灣爲時空座標軸來展開的。不止如此，「臺灣體驗」事實上並非只是他一時的、即興的、隨手拈取的創作素材而已，反倒轉化爲他生涯的堅持，一直延續到晚年都不曾中斷地，以其作爲自身文學世界的核心。

與臺灣題材相互關連的創作群，迄今出版的詩集和小說，至少占他全部著作的半數以上，而其中大多爲戰後一九四六年，返回日本以後的產物。正可見出，從文學出發期，就已密切相互關連，且一直是提供其創作源泉的「臺灣」此一異國影像，即使在離脫、斷絕實際時空的牽絆之後，仍然繼續存在其內部發揮機能，其必要性和依存度，甚至遠遠超越了自身和母國日本糾葛的程度。長期羈旅臺灣的體驗，成爲他最原初性的經驗，對西川滿文學所具備的實質意義，即在於賦與他自身內面終生難以抹消的〔精神烙印〕這一點上，揉合他與生俱來的唯美偏好、浪漫的氣質，時時會產生發酵、催化的效果。而他刻意追求的「人工美之極致」，亦即專注於「藝」、極力主張「藝術的世界＝文學世界」的觀點，也因此得以充分配合和展現，因爲臺灣這不同於自身母國的空間、場域，所醞釀出來的異樣情緒、周遭籠罩的神秘氣氛，剛好作爲一個實驗場所，提供了他實踐文學理念最佳的素材。

而所謂難以抹消的〔精神烙印〕，筆者以爲，實則包含了兩個基本的質素，也就是：〔憧憬〕和〔追憶〕。那也就是一種，在他精神內裏近乎固執地，始終保有的，「臺灣憧憬與追憶」的情緒。

〔憧憬〕此一質素是他前半段文學生涯中，亦即居留臺灣時期，文學創作的一個底流，是導引當時他的文學趨向重要的因子，也是影響他自身的〔臺灣文學意識〕＝〔文學創作意識〕形成之決定性動因。檢視西川滿居臺時期年譜，我們不難發現，此一精神要素與西川滿作家成熟期所抱持的理念相互契合。西川滿雖然堪稱爲一位早熟的文學作家（中學時代已大展才華），但其文學觀眞正成熟的契機，卻必須等待一九三三年大學畢業之際，受到恩師吉江喬松（孤雁）及隨後不久成爲知友的島田謹二，兩位學者的訓示與啓示，有以致之。⑥前者賦與他：「回歸臺灣，樹立臺灣獨特的文學，那是你的使命。」的重責大任，⑦激起他文學志業萬丈的雄心。後者所提出的〔外地文學〕論：

……臺灣文學作爲日本文學的一翼，成爲外地文學，特別是南方外地文學是有其意義的。……其文學的大主題是外地人的鄉愁，及對當地的特殊景觀描寫，還有外地人對當地人的生活解釋……。⑧

更成爲他在同一時期堅定信仰的創作理念，致力追求的方向。西川滿所謂：

……南海的華麗島當然會產生名實相副的文藝，而應在日本文學史上占有特殊的地位。

……樹立華麗島的文藝，使其成爲南海中高聳的巨峰，正是我等之天職。⑨

一方面雖然認定其所創造的「臺灣的文學」視爲是日本內地文學延長之一個環節，一方面卻有創作獨特的地方文學或外地文學的強烈自覺和使命感。而所謂外地文學，隨著時代的演變，最後，終究一時性地積極附和當時之主流趨向，發展成爲皇民文學，揭示、鼓舞國策、阿諛的文學形態。縱使如此，當我們據於今日此時的立場，對其長期發展、樹立起來的文學風貌，作一詳細的，通盤考察之際，還是不難見知，超乎一切地，其內裏偏向浪漫、幻想的氣質，才是始終支持他文學世界的中心。就連帶有強烈國策文學傾向的長篇小說創作《臺灣縱貫鐵道（鐵路）》，也內含著：

……令人深深感到興趣……，滿滿記載著豐富的軼聞和逸事，巧妙地配置了臺灣鐵路史資料於其中……。⑩

的獨特性質，全書字裏行間所顯現的，對南方開拓熱情之讚美謳歌，對未知的夢抱持飛躍的心情和熱情，完全符合：「南方是光之源，賦與我等秩序、歡喜和華麗」⑪，作家西川滿一生衷心尊奉不渝的信條，所謂浪漫的〔南方憧憬〕，首尾一貫地存在他內部深層的信仰與精神要素，轉化爲牢固不移的創作源頭，完全傾注於其作品之中。類似他本人曾研究、欣賞過的法國詩人藍波（arthur rimbaud）在其作品中曾經表現過的〔南方憧憬〕～其實是對東方未知神秘世界無止無盡、毫不倦怠的追尋、探險與夢想。⑫～臺灣之成爲寄託夢幻和鄉愁的適切場所，變化成爲無限奇想與無比綺麗的異域空間，也許正是由於，他天生偏好的耽美文學趣味，與此一時期立身依存的臺灣時空座標軸所賦與、孕育，且深藏在精神內裏這種熱烈的〔憧憬〕質素，巧妙地混雜，相互撞擊的結果。同時，西川氏的〔南方憧憬〕文學，其實是可以納入日據時期在臺灣的日本人作家，自早期一脈相承的「異國主義（exotisme）」文學的系譜中，呈示了近似佐藤春夫氏以臺灣見聞草成的〈女誡扇綺譚〉，帶有根源於〔驚異與懷疑意識〕，基於想像創造出來濃烈的〔異國情趣〕特色的作品。⑬

至於〔追憶〕這一質素，可以說是西川氏在戰後，轉化自身存在的時空座標軸〔回歸日本〕之際，意圖對臺灣此一〔原始體驗〕對象，重新捕捉、發掘的精神依據，是殘留在過去時空裏不曾散失的，記憶映像之喚起，或收入腦海中景觀之重現，那也是他在戰後能以「臺灣經歷或體驗」作爲源源不斷的題材持續創作的原動力。埋藏在他內部深層各式各樣的記憶和心象，正如他所自述：

……這些寫於戰後回歸日本的創作，說來是對華麗島無限的慕情，無止無盡的讚歌。……幼年時，生活於臺灣人所住的臺北大稻埕太平街，在內心中留下強烈的印象，〈神明祭典〉這樣的作品，正是那少年時代夢幻的結晶。……不單是選擇喜愛的臺灣土地作爲創作舞臺，全篇更隨處呈示了當地人民的風俗、神明信仰和民俗……。⑭

有些是難以遺忘，無法壓抑的華麗島慕情，昔日記憶印象之噴出，有些是幻化實際經歷的生活體驗，經由自由想像的產物，有些則是根源於自身所熟知的，或是居留於華麗島時代曾努力研究過的，臺灣歷史、風土民情、宗教信仰等作爲基礎材料，發展、虛構出來的東西。在題材的選取上，包含了〔氣質上相近，或感覺上有所偏好的臺灣風物〕以及〔新奇、難得一見珍貴的臺灣體驗或印象〕兩種樣式。相對於〔南方憧憬〕偏向於空間座標，含有當代，同時期，即興體驗之要素，〔追憶〕此一質素無寧說是，偏向於時間座標，含有追溯、檢證過去體驗的要素，兩者相互激盪，使西川氏居留臺灣時期親身體驗的空間和時間感覺得以長期地保存與持續，甚至在戰後，這些素材和體驗也反覆地產生作用，變成他創作的基本源泉，不絕地湧現。

換言之，臺灣憧憬與追憶兩種質素，凝固成爲作家西川滿內部無法消除的〔精神烙印〕，經由長期的積蓄融匯，化爲一種純粹且原始澎湃的感覺和感情，不斷地在投影、反芻、形成與擴大，添充於其文學世界。因而，他的臺灣題材創作、不只數量甚多，內容也極爲豐富。以時間而言，透過素材，可以縱橫古今、遠近年代而表現自如，以空間而言，作爲取材背景的地理舞臺，幾乎遠遠遍及臺灣域內東南西北的各個角隅。而就其作品整體看來，皇民文學的代表作，例如：長篇小說《臺灣縱貫鐵道》，詩集《一個決意》，乃至少數據於日本題材的創作，畢竟難以充分見其創作的眞正本領。同時，若排除常用的中國題材創作（如小說〈會眞記〉、〈楊貴妃〉等），則毫無疑問地，所剩者也就盡是相關於臺灣的東西了。

三、論西川滿的臺灣小說

西川滿氏所作爲數甚多，內容極其繽紛的臺灣題材創作，包含了小說、詩、童話和民話等幾個範疇。特別是小說與詩兩大類，貫穿戰前與戰後，直到最近期創作依然持續不斷，乃是探討西川文學的內涵、特質、表現方法最合適的對象。

以小說創作而言，從一九四〇迄一九九二年爲止，至少出版單行本二十數冊，舉其主要者如《梨花夫人，收稻江治春詞等七篇》，《赤嵌記，收雲林記等六篇》均完成一九四〇至一九四二年間，乃戰前的重要作品。《劍潭印月》則是戰後初期的之作，《神明祭典，收鍊金術等十三篇》，《惠蓮的扇子，收悲戀之雨等三篇》可代表一九七〇以迄一九八〇年代出版的創作。《天與地之歌，收血染鎗樓等兩篇》，《蕃歌，收原住民小說八篇》，大抵是一九八〇年代末期、一九九〇年代初期發表之作。雖然創作時期不同，全體風格變化卻未見極端差異，很難加以細密的分期。

對於戰前已完成（以他生涯創作過程來看可視爲前期）若干作品的風貌，論者已有不少綜合的評論，諸如：

……《梨花夫人》等六篇，是怪奇、幻想、傳說。……採用愛倫坡（edgar allan poe）的手法，以前人未用之素材，創造了極其精緻美的世界……。⑮

……小說中的幻想，東方西方的融合，消失之物的美，這些氣氛才是主題。……多爲現實與過去相互交織，而從中導出的幻想作品……。⑯

即指陳其作品多數帶有幻想性、過去性、浪漫性等基本特質。如果對照西川滿自身抱持的文學觀點，是十分吻合的。諸如：

……不管大衆如何感覺，文學或美術終究取決於『藝』——art。……藝術的世界首先需從超越眞實開始……。

……我不斷想追求的是新的美，……小說的正道在乎有趣，……小說必須是有趣的、美的，同時，必須是純正的東西……。

……我的詩、我的文學意圖是人工的極致美……我輕視空想力衰弱的作家……。⑰

耽美性、空想性、怪奇性、趣味性等，幾乎已是其所有作品底層共通存在的要素。對讀者而言，可能就是這些基本要素，加上刻意的追求人工美，衍生出他創作的一些其他特質，並因而能保持相當獨特的感覺與品味，維繫而固定成爲西川氏極爲明顯，不同於他人的文體、氣氛與特色。

比如說，戰前一九四〇年創作的〈赤嵌記〉，是他獲頒〈臺灣文化獎〉的名作，就頗能顯示其獨特的感覺和品味。全篇同樣地，具備有他的作品常見的趣味性和怪奇性，卻以實在的臺灣歷史人物作爲題材，巧妙的描寫鄭成功、陳永華家族三代浮沈興亡的逸話。由於作者能充分運用和發揮廣博的歷史和古典知識，使之傳奇化，舖陳故事的情節，渲染主人公的悲劇性格，產生強烈的感動性。特別是在小說進行的時間、空間上，時而透過主人公的遭遇，時而透過作者自身現身說法，時而透過第三者的陳姓青年的引導，變幻自如，有意識地，將過去與現實切斷、接續、轉換，使讀者在不知不覺中，陷入作者所安排的幻想世界，在虛幻與恍惚之間彷徨，產生共鳴。而其敘述故事的冷靜文體，複雜的轉折伏筆，更發散出來完全屬於他個人強烈的魅力。樹立後來諸多作品的典範。

戰後初期一九五〇年代單篇作品，〈劍潭印月〉，則是以極爲通俗性的題材，表現女俠客和盜賊鬥智，以自身的美色誘惑，讓三個盜賊自相殘殺的故事，其情節以現代的時空、角度來看，反而顯得十分古典，對於重要人物的描寫，如和尚、女俠、盜賊都極爲生動突出，篇中出現許多戲劇性的場面，使其成爲一篇明白、有趣、可讀性甚高的佳作。

出版於一九八四年的作品集《神明祭典》，收入的十三篇創作，頗能見出作者文學創作的本領，都是屬於表現技巧成熟之作。多係充分發揮作者的耽美、獵奇、色彩、官能諸創作要素與特色的東西，其中如〈神明祭典〉一篇，單是描寫衆神出巡，奇形怪狀，爆竹喧天、煙霧瀰漫的一個場面，就令人如臨現場深深感受，描寫主人公欲圖報復仇家的心境起伏，乃至道具（灌蛇毒於箭矢上）的製作等枝節亦均極爲細膩，趣味十足。〈青鯤廟的艷婆〉一篇，內容曲折離奇，引人入勝，女主人公哀怨動人悲凄的遭遇，媽祖的神奇靈應，交織成爲一則華麗的民間傳奇。〈鍊金術〉則是簡單而小篇幅的構成，只採取臺灣民間拜拜時常用的冥（金）紙，透過作者的好奇之眼與豐富的想像力，描繪出帶有滑稽性格，想盡方法欲獲得財富的庶民人物像，在極爲壓縮的表現下，令人品味再三。具備同樣的風格，出版於一九八九年的《天與地之歌》小說集，其中收入的〈血染鎗樓〉一篇也是屬於呈示鮮烈的頹廢色彩，戰慄的官能感覺，暗鬱陰沈的獵奇恐怖之作，從古老鎗樓的景觀描寫導入凄慘的殺人事件，作者自身介入故事的進行也是旁觀者，藉以連繫、托出全盤的情節，並且同時注視著兩個女主人公（彩娥與千鶴）加虐和被虐的過程，大大地提昇了小說的戲劇性成分。

上述諸篇皆爲作者比較引人注目的創作，取爲樣本，可以表現作者的強烈作風偏好，及作品中訴諸、耽溺於感覺性、官能性的傾向，篇篇均顯示、發散著作者濃烈的羅曼精神。

最近期的創作，如一九八七年出版的《惠蓮的扇子》和《蕃歌，八篇原住民小說》則顯示出一種浪漫的典型。其中大都以〈愛和死〉、〈哀愁和悲情〉、〈離別和懷念〉作爲主題。如〈惠蓮的扇子〉一篇是兼有描寫臺灣現代史上的慘劇〈二二八事件〉，極具實錄性質的內容。作者透過小說背後隱藏的自身，一位居於戰敗國人民立場的日本人之眼，冷徹地觀察事件的始末，也多少帶有省視、批判混亂時代中，不同國度（中國、日本、臺灣）和族群的人間像、心理、民族性格的性質，但是，主題卻依然不脫作者唯美的傾向，始終以日本人的主人公（亦即作者的化身）和臺灣人的仲明、惠蓮三人間的情愛糾葛，別離、死、懷念爲主軸來展開敘述。在殘酷的血與虐殺場景中，浮現哀愁的情緒反而成爲全篇重心之所在，使得「歷史苛酷的現實」被強烈的「浪漫感性」所取代，蓄意地掩蓋，成爲凄美的愛情詩章。原住民小說的大部分，則除了混雜著作者好奇的眼神，處處可見奇風異俗的描寫，顯露異國情趣的嗜好之外，如〈奇密社之月〉、〈蕃地〉、〈南海的紅島〉都是帶有濃郁香味的哀怨情史。內容也都以日本人和原住民不同族群之間男女戀愛故事爲經緯，表達脫出文明世界的渴求，人生的倦怠，對野性的鄉愁、異民族的心情交流、死和悲情等主題。也足以充分察知作者內裏耽美和浪漫的本質。

至於在小說表現的方法，如加以歸納則不外乎，著眼於〔說故事的敘述調〕，〔保持內容的完整性〕兩點。大抵作者喜愛運用自身介入，現身說法的方式，有點類似作家佐藤春夫在〈女誡扇綺譚〉中使用的～作者穿插在場景中～，或者芥川龍之介在其中國傳奇小說如〈南京的基督〉裏慣用的～作者於終章現身來說明，作總結或補足～的技巧。〈赤嵌記〉的成立與方法，就是典型的例子。還有，作者堅持貫徹虛構的方式，不親臨現場取材的原則，所有的題材幾乎都透過空想、幻想或矯飾手法來處理，意圖達成高度藝術化的主張，亦值得強調。也是基於此，作品進行之際，時空的交錯，起承轉合的布局，才能自由穿插運用，並且不失其一篇的完整度。一般而言，西川滿的創作皆重視細部描寫，並且都能注意到情節首尾相互的呼應，達成正統小說渾然一體的構成，因此具備了明白清晰的風貌。

四、論西川滿的詩

西川滿不只是一位小說家，也是一位詩人，說他的作品，不管是小說或詩，都帶有濃厚的詩性氣氛，抒情的芳香，根底裏具備了強烈的詩人氣質，並非過言。但是，西川氏究竟是什麼樣的詩人？關於此點，他的良師知友島田謹二氏曾作了以下的說明：

……西川藝術的根本傾向是，盡可能地，遠離『現實感』，意圖想創造從現實生活中抽象化的藝術空想世界。

……驅使素材的作者之素質，具有何種特色？……顯然可用『感覺超越一切』這句話來加以形容，而其中特別引人側目的則是視覺的要素，首先是他的色彩感覺，往往被燦爛的原色所吸引……。⑱

這幾句話，準確地，把西川氏詩作的方法和內涵，簡要的作了說明。印證於西川氏自身的說法：

……我當然也考慮到音樂的要素，但，最想表現的還是色彩，所以出現了各種各樣的色彩……。⑲

也就是說，他的詩，努力訴諸感覺和感官，技巧地，運用語言的色彩機能，極爲接近象徵派持有與主張的特色。觀察西川氏初期的詩篇，

沒有任何人
深夜的壕邊
露珠發亮的草叢裏
天使失戀的傷痕　悄悄地癒合
製造較諸微風還要柔軟　甘美的聲音
水面的月的波紋

（天使之歌第四）

從美麗的人妻的額頭
滴下汗珠
盛夏眩目的陽光

（人妻）

兩首作品均有濃厚的官能感覺表現，運用單純的物像，亦即捕捉外界的光和影，來顯示心象風景，簡潔而有力。西川滿詩的基本風格，可以說就是以此種敏感的色彩感爲根底，自官能感覺出發，透過多彩、美麗語彙的掌握，揉合極度人工美、裝飾的技術而確立的。他的臺灣

題材詩集也充分地顯示了同樣的特質。

西川滿的臺灣題材詩作，從戰前以迄戰後，依內容特色加以分類，則大抵包含臺灣風物景觀詩，民俗宗教風格的散文、故事詩，民間歌謠體及一般抒情詩等，幾個樣式。《華麗島讚歌》，《鴉片》即是著力於表現臺灣風物、描寫臺灣景觀的詩集。

臺灣的版畫之中
最美麗的是使用燈座的東西
燈座獻給天上的神明
金紙的筒上貼著版畫

《華麗島讚歌，燈座》

雨　雨
街頭巷尾降下的雨
臺北降下的雨
潤濕你的心
振奮我的心
在停仔腳合掌
雨雨雨雨雨雨

何時停哟
如同永劫　不中止地　下著的
雨　雨　雨

《華麗島讚歌　臺北的雨》

竹笠便宜
竹笠輕
竹笠涼爽
竹笠充滿風情
愛用它不會神經衰弱
有時它會保障生命
戴著它
從樹木飛來的青竹絲
也會即刻滑落
壯哉　竹笠

《華麗島讚歌，竹笠》

上面的三首都是以樸素的手法，直觀印象式的筆觸來描寫臺灣民間常見的風物景觀的作品，寄託著詩人樂天、愛惜風物的眞情。但，或許由於寫實性強，難以看出西川詩人慣用裝飾美的妙處，詩味多少顯得平淡。反而如〈花妖箋，第二、第三〉一般的表現：

清水池　玄女娘娘帶來狐精　到處散著黃金和貝殼　下石階　採蓮花

正午　茉莉花開　自水濂洞順風耳奔赴南方　熱炎炎　燃燒著　赤帝投下的二五銀錢

如此的詩句，才能顯露出他詩作的本領，大膽地運用臺灣民間使用的，饒富特色的神明信仰語彙，或透過民間拜祭常用語的堆砌，凸顯異國的風俗與情趣，甚至只盡力呈示切斷、分割的意象、景觀或場面，而絲毫不在意表現的妥當性、意義性與意象的關連。如詩集《媽祖祭》、《天上聖母讚歌》等刻意尋求素材，來表現宗教民俗的散文詩、故事詩也都呈現了同樣的性質。

〈媽祖祭〉

夾竹桃　在花開的岸下　十六的花娘〈賣春婦〉等著客人　拉著胡弓　唱著歌

仰起頭　天空眾星朗朗　一輪月　浮上蓬萊閣　蕭蕭南風吹

燒香　合掌　三禮拜　燃燒　落馬金　二花壽金　供奉　五秀　五牲餅

天金　割金　大才子　豚羊供養　請神念呪言　道衣金冠　道士的祈禱

〈城隍爺祭〉

這兩段詩就是最好的例子，看起來僅僅浮顯了景、人、物割離的意象，企圖造就異樣的視覺風景，甚至，產生文字遊戲的傾向，形成虛懸於半空，抽象化浮誇的表現。

至於民間歌謠體，如《採蓮花歌》，《華麗島古代蕃歌》等詩集均屬之。

正月立春　牡丹花開　泉洲城外　陳家庭園　黃鶯啼
二月春分　紫荊花開　掛屋簷　命運星　三星並立　三宿星
三月清明　桃花開　流水舟渡　令人思念　陳三　孤獨之旅

大抵是整編民間富特色的吟詠歌謠，用日語加以改作，雖可見其追求形式上的韻律感、音樂性，具整齊畫一的自我要求，但，基本上還是著眼於表現浪漫的異國風情。

最後一類抒情詩風的作品，《初期詩篇》《迴轉木馬》等詩集皆屬之，也有清新簡潔的佳作，而慣用借物陳思，直接映照出風物和自然技法的作品依然占了大多數。

白色的梔子花在流著
白色的梔子花無止無盡地在流著
我坐竹筏去摘取
乘著南風　揚起赤色的帆
追著梔子花而去
啊！啊

白色的梔子花　一直流到　淡水的河口
芬芳的　白色梔子花在流著

此詩中的物和我的關連，是經由極爲單純的相互介入照映出來，第一段，客觀的呈現物（花）的樣態，第二段表現我（人）心境的介入，第三段回歸物的自身，在構成上，雖符合起、承、結的寫法，卻因此使詩的象徵意義難以擴大，景也就僅止於景的描畫而已。

西川滿的臺灣題材詩，極爲用心地，企圖去表現繁複的異國情調，但是由於語言過度裝飾化，往往減弱了詩的內面質素，雖然以多種多樣的寫實風物、對象、作爲材料，表現卻不免太過即興，多有止於浮面描寫之嫌。用語的華麗，有讓人目不暇給之感，卻也易於導致感情的氾濫流瀉，過度注重故事性、散文性，甚且會產生詩性稀薄的危機。縱使如此，由於其作品內涵的豐富，透過他那凝視臺灣的異國詩人之眼、詩世界映照出來的華麗島風景，依然是十分新鮮而饒具趣味。

五、結論

作家西川滿記錄的臺灣，或者西川滿創作的所謂「臺灣的文學」，毫無疑問的，正如上述，具備有強烈的個人體臭與獨特的光芒。他的作品中，幾個基本的要素，唯美、趣味性、獵奇性、抒情性，最重要的是浪漫和人工裝飾的個人偏好等等，導致他的文學帶有吸引讀者陷入夢幻與空想的性質，甚至也具有教養文學的芳香。但是，追求藝術性的同時，隸屬於有閑階級的語言遊戲性質，娛樂性質也無法避免地暴露無餘，當然也使得他的詩、小說稱得上是明晰、可讀性極高的文學。除此之外，他在臺灣題材的文學創作中，大量地運用傳奇性的逸事，甚至虛構、想像的故事，也溶入了文史地理各種相關的古老知識和資料，小說發生的背景則大都爲名勝古跡，而且習慣以回憶與虛幻的場面來舖陳，故意去記錄多樣多種本土的素材，讀之令人彷彿置身於過去臺灣老舊的時空之中。在表現上，他喜歡使用饒富趣味，乃至怪異的臺灣民間俗語，以及宗教、庶民社會慣用的固有名詞，甚至不惜自己創造出新奇的語彙，以誇大其異常氣氛。因此，他的文學世界，反而能在充滿人工的造作之中，產生固定和顯影臺灣風貌的強烈效果。而他創作的此種『臺灣的文學』，在呈現有趣的逸話，新鮮的異國感覺之同時，其實還持有文學家冷靜的觀照，儘管是以一個外國、日本人的眼光來看待周圍，他筆下的日本殖民地時代臺灣的人情、風物、景觀、風俗表現，依然足以呈示出業已風化的，特定時空中的臺灣印象與模樣。

然而，不管如何，西川滿是列名於文學史上，具備重要性的作家。他的文學活動與創作，無法不回歸時代裏去加以定位。正如前述，他有不得不陷落於雙重困境的立場，他的文學可能被視爲臺灣文學的一部分，但是也矛盾地，同時存在著，無法完全成爲臺灣文學的異質成份。他可能是被承認的日本作家，在戰後的小田切進編的《日本文學作家事典》，他已占有一席之地。同於許多日本文學家的作爲，一時地，他也是戰爭時期皇民文學的積極推動與實踐者。但，純粹以文學的角度來看，比較令人感到興趣的可能是，放置於軍國主義時期，整個日本外地文學圈中，他文學存在的意義，比如，他所追求的日本外地文學，比較其他殖民地作家，具備那些共通點和差異點，筆者曾在別的論文中，以他和另一位居留於當時殖民地都市，滿州大連的詩人安西冬衛來作比較，指陳了諸如：詩的技法平凡，詩的思考限於浮面，深刻度不足等差距。⑳在此進一步可以指出的是，西川文學從全體看來，缺乏（現實意識）的問題，事實上，此一指責正足以確認其作品強烈的前近代牧歌性格，樂天而逍遙的文學態度。同時，在其活躍的戰爭期、軍國主義橫行的時代，他的文學正反映出一種堪足配合（至少他的浪漫代表一種對當時時潮的妥協，其精神內裏甚至富含被收納、產生積極迎合的效果和要素）的氣氛，如此，在本論文第一節中所提起的日本人的自我幻想，昭和外地文學的虛構性格，從作品論的角度，或許就更加適用於西川文學的定位上了。不可否認地，西川文學中，看不見與時代現實對峙的姿勢，他的現實意識因而經常埋沒在過去的幻影裏～比如他的臺灣歷史題材，幾乎篇篇皆是轉化、埋沒於空想的過去時空中，逸話和傳奇的型態～。他小說、詩中甜美的鄉愁情緒，頹廢感覺和異國情趣，因而也可能只是矯飾的虹橋，對於他所創作的多數多樣，帶有顯影「臺灣」性質的文學，較諸他母國日本讀者的高度興緻與著迷，臺灣的大多數的讀者或許會感到膚淺與虛幻也說不定。

【附註】

① 川村湊撰，《異鄉の昭和文學》，（東京：岩波書店，一九九〇年十月），頁二三，頁二七。

② 張良澤撰，〈西川滿の文學について〉《西川滿全詩集》，（東京：人間の星社，一九八二年二月），頁六八六～六九八。

③ 近藤正巳撰，〈西川滿札記〉《文學季刊》，（臺北：文季編集委員會，一九八四年九月），二卷三期，頁二八～五二。

④ 中島利郎撰，〈西川滿備忘錄〉《臺灣文學研究在日本》，（臺北：前衛，一九九四年十二月），頁一〇九～一三四。

⑤ 中島利郎撰，〈西川滿と日本統治期的臺灣文學〉《よみがえる臺灣文學》，（下村作次郎等編，東京：東方書店，一九九五年十月），頁四〇七～四三二。

⑥ 西川滿撰，《西川滿全詩集，略年譜》（東京：人間の星社，一九八二年二月），頁七〇四～七一七。

⑦ 同前註，《西川滿全詩集・後記》，頁七四八～七四九。

⑧ 島田謹二撰，〈臺灣文學の過現未〉《文藝臺灣》，（一九四一年五月），二卷二號，頁一三。

⑨ 西川滿撰，〈臺灣文藝界の展望〉《臺灣時報》，（一九三九年一月一日），一月號。

⑩ 尾崎秀樹撰，〈決戰下の臺灣文學〉《舊殖民地文學の研究》，（東京：勁草書房，一九七一年六月），頁一九三。

⑪ 同註⑦。

⑫ 竹內健撰，〈南方憧憬論〉《ランボォの世界》，（粟津則雄編，東京：青土社，一九七六年十

二月），頁一八〇～一九七。

⑬ 中村哲撰，〈外地文學の課題〉《文藝臺灣》，（一九四〇年十月），一卷四號，頁二六二～二六五。

⑭ 西川滿撰《神明祭典·跋》，（東京：人間の星社，一九八四年十月），頁三九一～三九六。

⑮ 龍瑛宗撰，〈文藝評論·美の使徒〉《文藝臺灣》，（一九四〇年十月），一卷六號，頁四九一～四九三。

⑯ 同註③。

⑰ 西川滿撰，〈文藝時評〉《文藝臺灣》（一九四三年六月），六卷一號，頁二六。

⑱ 同註⑥，島田謹二撰〈媽祖祭と鴉片〉，《西川滿全詩集》所收，頁六六九～六八五。

⑲ 同前註，《西川滿全詩集》〈後記〉，頁七三〇。

⑳ 筆者撰，〈論戰前在臺灣的日本人作家和作品〉《鍾理和逝世三十二週年臺灣文學學術研討會論文集要》，（高雄縣政府，一九九二年十一月），頁八一～九七。

（一九九六、一一、二〇修正稿）

肆、戰後臺灣現代詩人研究

一、綿延不絕的詩脈——笠詩人的精神與風貌

二、對戰後臺灣本土詩的思考
——戰後的詩和詩人

三、死和再生——桓夫和鮎川信夫詩中共通
主題的比較

四、硬質而清澈的抒情——純粹的詩人錦連論

五、漂泊之歌——試析論拾虹的詩

綿延不絕的詩脈

——笠詩人的精神與風貌

一

以臺灣現代詩發展史的脈絡而言，笠詩社成立的一九六四年（三月十六日）在時間上來看也許只是一種偶然，但是卻同時有許多交錯的因素決定了笠詩社日後發展的動向。單以人的因素來看，就匯集了諸多必要的條件，諸如跨越語言世代的重新出發，分散各方的戰後臺灣詩人的合流集結，戰前前行代詩人（如巫永福、王昶雄）的歸隊，新生代詩人的崛起與覺醒等等皆有以致之。而若以詩史是由詩人與詩所構成的單純觀點來考察，則笠詩社詩人系譜的形成就更具備也更能顯示其意義了。巫永福有過日據時代心懷故國的強烈鄉愁意識〈泥土〉，陳千武有過南洋志願兵青春的死與再生的體驗〈信鴿〉，詹冰有過回歸故鄉、迎接新生歷史的焦灼心境〈船載著墓地航行〉，明哲有過白色恐怖時期被迫害的悲劇和切身體驗〈綠島的濤聲〉，這些都只是冰山一角的例子。縱使是戰後的中堅詩人、新世代的詩人也各自透過自身對於不斷變動的戰後歷史的凝視、觀察或再認知，摒著氣息記錄下時代和個人的精神脈動。當他們在詩中記入了歷史的體驗，見證了個人某一時期的精神史，他們也揭示了臺灣詩人的精神史居於歷史及文化上的重要意義。也就是此種成爲笠詩人精神底流與依憑，永遠具有現實性的實存精神，才使得笠的詩人與詩在臺灣詩史上建構出無比的隱喻與象徵。然而，就整體而言，笠詩社的存在與活躍卻還有更重要的意義。對於戰前的臺灣詩史而言，笠詩人繼承了戰前臺灣新詩的各種遺產（包括成爲主流的抵抗、批判、寫實精神，乃至具備實驗性意味的現代詩新精神和方法），僅以世代的構造和風格的多樣性就足以看出其成功地埋平了詩史的斷層。對於戰後的詩史而言，笠詩社存在的意義則在於形成主體性的本土詩運動，因著凜然的現實精神的發揚，土俗（本土性格、俗的性格）精神的把握與深化，方法論的探求與確立，爲達成詩的世界性之努力與實踐等等而走向全新的詩歷程。

二

笠詩人和詩的基本特質，一言以蔽之，即在於其歷史意識，不斷地追尋自身根源的意識。笠的前行代詩人是基於宿命的歷史體驗與認識而產生無比的忍耐與堅毅的詩精神。吳瀛濤的臺灣風物詩篇，如〈布袋戲〉：

就是這樣令人叫絕的布袋戲
就是這樣在小孩心目中比什麼都要奇異的布袋戲
就是這樣令人難忘的故鄉的傀儡戲

自然地流露出對於自身存在風土的執著與懷念。而類似的情懷在戰中世代的詩人也一脈相通地傳承著，趙天儀的〈故鄉啊　我要爲你歌唱〉：

我要爲你歌唱　故鄉啊
正如懷念我底親慈一樣
是出自我心底的衷腸　一種親切的聲音

莊柏林的〈歸鄉〉：

當所有的歌曲
都向那一條路出譜
當所有的夢幻
都向同一面龐牽掛
故鄉的一切
緊緊相隨

乃至黃勁連的「唱黃昏的故鄉……從悲憤到悲涼　唱黃昏的故鄉」，連繫於風土與宿命的精神底流，轉化成爲一種恒久深遠，淨化而沈靜的詩質素。相對於此種沈潛而靜態的質素，或說是以此作爲基礎而展開，對應於現實與存在狀況，則顯示了激情而奔放的質素，那是一種鬱積的噴出，詩人內裏的能源，冷澈、硬質而源源不斷的水脈。錦連的〈挖掘〉是要在「體內的血液裏尋找著祖先的影子」充滿不許流淚的怨情，陳千武的〈咀嚼〉是在「坐吃了五千年歷史和遺產的精華／坐吃了世界所有的動物……在近代史上／竟吃起自己的散漫來了」的斥責中顯示憤怒，而加以批判。屬於戰後世代的詩人，在繼承或延續此種鬱積的源泉之際，或如陳芳明的〈復活的土地〉：

我謙卑地跪下來
向一塊頑強如蕃薯的土地認同
我讓胸膛與手掌攤開
同我一樣復活的是雷動的長空

自信、肯定地投出了滿腔的摯愛和熱情，或轉化成爲政治抵抗、社會批判的詩，如王麗華的〈給他一個回不去的故鄉〉：

我就是要給他一個回不去的故鄉
……………
用鄉愁把他憂憤的靈魂埋葬在異國流浪
用監獄把他美好的青春封鎖在黑暗中腐爛
……………
直到他心智迷茫
不復記得地球上有個島嶼叫臺灣

往往在反諷中呈示作者的信念，顯示存在於現實中的苦悶以及對統治體制的質疑或抗議。而上述包含沈靜與熾熱兩種質素的歷史意識，對於戰後世代的笠詩人更顯示了特別的意義，透過對於臺灣新詩傳統的認識，一方面可以在變動的歷史與時代狀況中不致喪失凜然的現實精神，保持不妥協的詩魂。透過對於臺灣新詩火種傳承的使命感，一方面也可以經由省察歷史喚起自覺再行確認自身的主體性，維繫飽滿而緊密附著於內部的詩精神。因此，笠的詩人不分世代、年齡大都持有表現意識（詩人所對應的外部世界、形式）和現實意識（詩人自身內部的精神世界、內容）的表裏雙重意識。笠的詩可以說大多是「狀況認識」的詩，強調意義性、重視主題的詩。笠詩社所掀起的詩運動最大的意義，可以說即在於笠詩人立足於具有主體性的臺灣歷史與現實的認識，而能經由語言（詩）加以凸顯同時維持了詩和詩人的純粹性這一點之上。

三

《笠》詩刊在創刊初期並沒有明白地顯示要形成詩運動的企圖，後來所以蔚然成風，掀起在詩史上具有重要意義的詩運動，其實是依循著自然而漸進的過程，如上述同人的有意識的集結，（從創刊的十二名到七十多名），擁有共通的創作理念、詩與現實的認識等等均可視為其主要原因，但是，作為臺灣本土詩史發展過程之佐證，下列幾個因素還是值得一提：

一、笠本身自始即具有變革的志向，《笠》詩刊的創刊與當時詩壇的陷於低迷不振，秩序的混亂，詩學的荒廢等有密切的關係。因此，初期創刊同人致力於重整詩壇的努力與革新詩壇的抱負，樹立了若干典範，如批評精神，樸實的創作態度，平實詩風的提倡等均持續地傳承下來，維繫了原先變革的潛能與可能。二、笠詩人致力於詩作，其堅持純粹的精神，確立臺灣詩學的努力，導致笠詩人對於方法論的探求與重視，一方面造成詩作在質方面的提昇，一方面擴大了笠詩人的世界性視野，笠詩人的作品因而蘊涵了臺灣本土詩的新精神，開啓了當代詩的新傾向。三、笠詩人的持續活動與創作不懈導至影響力得以發揮和擴大，作爲代表詩誌《笠》詩刊的不中斷的發行，以及同人漸居於臺灣文化界重要地位而活躍，也大大地提昇了笠主導之現代詩運動的意義和效果。四、將近三十年漫長的歲月，隨著笠詩集團的擴大，在整合詩觀與凝聚詩人的共識上也不斷有所調適，極具效果，特別是七十年代以降，笠詩人的追求已足以從多樣的主題與方法來顯示代表自主性的臺灣文學風貌，不折不扣地成爲一種臺灣精神的隱喻、現代詩發展的指標。

由上述的分析，我們也可以看出笠詩集團的內面性格。笠詩人的集結既具有以詩會友無欲無求的自然參與和交流的性質，也重視世代的倫理與特色，以笠的全體活動作爲笠詩人追求各自的夢與理念的場所，經由累積、匯集不言可喻的精神默契，歷久而彌堅，至今已經產生、貯蓄了共同致力推展臺灣文學與現代詩的強大向心力。笠同人多樣的個性也導引出和而不同，各自獨特的風格，造就多彩的詩風貌。笠同人的詩既是「公」的詩（使命感的強調，社會、現實參與的詩）也是「私」的詩（純粹藝術的追求，爲了自己而寫的詩），主題、樣式兼容並蓄，笠詩人也都各自在深化其對現代詩學的理解，藉此確立起個人詩的表現技法，因而要區分笠的詩風，概括地指出足以代表笠詩集團全體的傾向也許並不是一件容易的事。下面，我們暫且對照戰前戰後臺灣的本土詩，比較、觀察其所產生的質的變化——即究明詩史上「戰後」此一斷代特質之角度（笠的詩經由開展而成熟爲戰後本土詩之代表所具備的性格），以及戰後臺灣本土詩在接受世界詩潮而產生變革、新的風貌——即探究居於現代世界詩壇中，臺灣本土詩的世界性格之角度（笠詩人的詩所具備的世界性新精神、新傾向，現代主義的性格）兩個角度來檢證笠詩人的作品傾向和其發展脈絡。

戰後臺灣本土詩由於時代狀況的變化不斷地有所變貌，題材的擴大、主題的多樣化，現實性、社會性的重視，緊密附著於生活、實存的關心的傾向，乃至都市詩、母語詩的興起等等均爲其特徵，而且由於方法論的重視，戰後的本土詩早已遠遠凌駕戰前新詩的水準，戰後確實產生了不少優秀的作品，筆者曾將其大致歸納爲以下的四種類型，正好也可以作爲笠詩人作品分類的一種基準。

第一類型稱爲土俗詩型，其最大的特色即具有回歸土俗的志向，往往執著於本土精神，風物的主題與表現。前面提及的吳瀛濤的臺灣詩篇，錦連的〈挖掘〉，桓夫的〈咀嚼〉，乃至以民族、宗教爲題材的多數詩篇均屬於此一類型。許達然的〈黑面媽姐〉：

阿公去天后宮燒香保庇阿爸討海，媽祖靜看海，看不到阿爸回來；不是魚，木魚硬縮著頭……媽祖靜看海，看不到我傷發膿，痛；我拒絕再抓魚後被抓，不如無國籍的魚。

透過臺灣民間的宗教信仰來顯示土俗的場景，表達漁民生活中的困苦，孤立無援的心境，十分成功。杜潘芳格的〈平安戲〉：

保持僅有的一條生命
啃甘蔗含李子鹹
寧願在戲臺下
很多很多的平安人

看
平安戲

也是顯示出臺灣民間祭神演戲的風景，表達順從忍耐的人性悲哀，對於現實的虛飾有所反諷。此一類型的作品大抵如上面兩首詩，多能呈現本土詩精神的原點之質素，具有強烈的鄉土性與批判性。

第二類型稱爲機智詩型，其最大的特色即是呈現了詩的現代知性美，充滿新鮮驚訝的感覺，也具備有諷刺的要素，顯示樂天、幽默的人情。林亨泰的〈弄髒了的臉〉：

在一夜之中，世界已改樣，一切都變了。
今晨，窗檻上不是積存了比昨日更多的塵埃？
通往明日之路，不也到處塌陷顯得更多不平？

這一切豈不是都在那一段熟睡中發生了的？

作者在日常極爲平凡的生活中，從早已習以爲常的睡眠、洗臉的行爲發現了不平凡的詩感覺，而且賦予新鮮的、知性的思考與意義，眞是具有點石成金，化無意義爲神奇的詩的巧技，正是日本名詩論家西脇順三郎所讚賞的富創意的詩。鄭烱明的〈誤會〉：

他靜靜地立在那兒
突然，像隨風飄起的一片羽毛
停留在空中翻筋斗
然後落下
兩手撐著地面
成爲倒立的姿勢
看著周圍驚訝的人群

我以爲他是在用另一種角度
來了解這世界，然而
他的夥伴卻說：
他只是想試試他的力量
能否舉起地球罷了

也是經由發現不平凡的詩思考而顯示了出人意表的詩趣，詩中動作的描寫十分生動，最後幽默的提示更產生無窮的餘韻，值得令人再三玩味。

第三種類型稱爲敘情詩型，其最大的特色即是呈現人生的美與哀愁，富含鮮烈的現代感性，經常以愛和日常生活爲其主題。李敏勇的〈思慕與哀愁〉就是其中的傑作：

透過花玻璃
女人裸露的胸口照印著黃昏
原始的風景
美麗的江山
連綿著我的思慕與哀愁
無窮盡地攀登
到達的是燦爛的末梢
徐徐地滑落
下沈到深不可量測的幽谷

我不眠地
　利用肉體的回音計量愛的距離

女體的美，黃昏的充滿哀愁的場面，襯托出現代的純愛與激情，留給讀者鮮烈的印象和感動。郭成義的〈G君的眼淚〉：

對不知道是誰
而又很想看見的
那個人
G君甘願地
把猶未失盡的體溫
在眼裏蒸發掉

爲了也想跟他道別
G君擠出一生
最大的抒情
立即被拭去

以臨終死別的場景，顯示人生離別的哀愁，詩中表現的眞情與深情對現代的人而言也許是奢求難得的東西，反而令人產生強烈的感動。而且兩首詩都緊密附著於現代人的內面感受，顯示了與前近代牧歌迴異的現代抒情。

第四種類型稱爲認識詩型，其最大的特色是顯示了明晰的理則構造，或呈現作者的理念，或具有強烈思考性格，將現實的問題意識轉化在詩中。如陳千武的〈窗〉：

有窗
窗是我的寂寞
是寂寞的裝飾品

有雨
雨滴流在窗玻璃上
窗玻璃的雨絲
構成密密的鐵格子
囚我於黯然的籠子裏

有悲哀
悲哀的聲音
從鐵格子窗外傳進來
我必須探望

探望雨絲不是淚水
也不是鐵格子
的眞相

這首詩的結構看似極爲單純，也具備十分優雅的抒情性，卻能透過明快的理則構造呈示作者深層的思考，此乃基於冷徹的外部觀察才能寫出的傑作，詩中出現的我與現實的風景（雨、窗、鐵格子等）都成爲禁錮於外界現實所引發之內面苦悶與哀愁的象徵，表現極爲成功。此一類型的作品，常常經由簡單清楚的辯證來呈示作者求眞求善的信念。李敏勇的〈暗房〉：

這世界
害怕明亮的思想

所有的叫喊
都被堵塞出口

眞理
以相反的形式存在

只要有一點光滲透進來
綿延不絕的詩脈

一切都會破壞

也是對被禁錮的心靈，現實的黑暗，以暗房作隱喻，用簡單的論說形式來陳述，提出對於現實支配體制的質疑和告發，同樣是此一詩型的佳作。上述的分類與舉例只是隨手拈來，作爲範例而已，第一與第四詩型是偏重於理念的呈示，第二詩型則是偏重於知的創意的發現，第三詩型則以抒情性和情緒爲著眼點①，若對照戰前臺灣新詩的四大基本性格：抵抗、批判、愛和希望（詩人陳千武所提示）②，笠詩人的詩不只繼承了戰前臺灣新詩的傳統性格，而且在表現、形式上，強調現代的理性、感性、知性等新的詩質素，更有所超越與發揮，而其主題緊密地扣住現實、日常，與時代的脈動息息相關，均開拓了戰後本土詩的新視野。

換一個角度來看，可以代表臺灣本土詩精神的笠詩人的作品，在表現和方法上，多數也經得起考驗，可在世界詩壇上占有一席之地。臺灣新詩在戰前已經有過橫的移植，汲取西方表現技法的經驗（如風車詩社），笠的同人在接受西方詩潮的洗禮上，其具備的條件、深度當然遠遠超過戰前臺灣的新詩人，一方面是由於許多同人透過自身的語學、文學能力與教養，可以直接理解西方前衛的作品和方法，對於西方詩作、詩潮的研究和介紹深入且有系統；另一方面則源於許多詩人勇於實驗和嘗試，具創新與挑戰的精神（如林亨泰、白萩早就舉起現代主義的大旗，在詩史上留下重要的足跡即是明證），風尚所及，他們的帶頭引起激盪，對笠全體也產生正面的影響。而笠詩人在詩技法的學習與運用常常是多樣性的、多方面的，二十世紀初期即已風行的各種主義（如象徵主義，表現主義，主知主義，超現實主義，新即物主義，立體主義，意象主義），乃至新寫實主義、現實主義等等的傾向往往融匯並陳於他們的作品中。

你的誕生已經
誕生的你的死
已經不死的你
的誕生已經誕
生的你的死已
經不死的你

一棵樹與一棵
樹間的一個早
晨與一個早晨
間的一棵樹與
一棵樹間的一
個早晨與一個
早晨間

那距離必有二倍距離
然而，必有二倍距離

林亨泰〈二倍距離〉

雨雨雨雨雨……
星星們流的淚珠
雨雨雨雨雨……
雨雨雨雨雨……
花兒們沒有帶雨傘
雨雨雨雨雨……
雨雨雨雨雨……
我的詩心也淋濕了
雨雨雨雨雨……

——詹冰〈雨〉

林亨泰和詹冰的很多詩作皆具有主知主義的傾向，強調純粹性與秩序，重視視覺感和形式，明快冷靜的構成等均爲其特色。〈二倍距離〉一詩除了上述的特色外，還運用了超現實主義的連結、切斷的技法以及具有異想天開的詩趣。詹冰的〈雨〉則以晶瑩單純的生活意象組合，透過畫面的排列產生新鮮的詩意，具有立體主義、濃厚的圖象詩的要素。笠的同人中像他們一般精於意象的塑造者其實不在少數，如非馬就是典型的意象主義詩人。白萩更是是一位極擅於表現，技法嫻熟的詩人。

雷達上
　突然閃出　不明意圖的點
　在生存權的界域內
（一隻雄海象從雌堆中
　昂身迎抗
　　他隻雄性的介入）

大家
在自由的面積上　畫界
在共有的世界上分割
生存實力
在看不見的線界的天空
這樣地宣告著
　綿延不絕的詩脈

（一隻鴿子的飛行
一隻鷹鷲的飛行
　各有其道）

這些
濃縮在雷達上
成爲經緯　國家體面
成爲監視　生存依據
（啊　鄰居的喇叭花
　公然爬過籬笆來）

雷達上
都這樣地閃出了
不明意圖的點
問題是
（一隻鴿子的飛行
　在鷹的領空被攻擊了

一隻鷹的飛行
在鴿子的領空被護送了）

半夜三更
阿火發火地回家
花了整整一天的生活時間
五塊錢的代價
打下百萬隻的小蜜蜂
在電動玩具的
領空下

白萩的這首〈領空〉是以韓國客機在蘇聯領空被擊碎以及蘇聯轟炸機飛過臺灣領空，兩件過程雷同結局卻完全迴異的時事作爲題材，把詩的焦點放大，以錯綜複雜的國與國間的現實關係爲主題之問題詩，用現實主義的詩技法，透過動物與人（阿火）交錯重疊的意象與寫實的畫面來構成，對國際政治的現實（力和霸權的現實性）有所反諷。作者不只採用了象徵的方式，也以報導、記錄的手法（顯然作者有意識地採用超現實主義內在批判之方法作爲其記錄現實事象的技法），極具戲劇性、故事性，是風格十分獨特而成功的寓意詩。上舉的三首作品，作爲抽樣已可略窺笠詩人透過融匯西方前衛詩技法而創新詩作的成果。由於致力於嶄新的表現方法的確立，新的詩精神之掌握，得以在內容和形式雙方密切配合下，落實笠詩人的現實意識與主題，成爲笠的主流，具強烈現實主義傾向的本土詩作也才能更凸突顯出其具有國際共通的世界性格。因此，笠同人的詩既是「臺灣的」詩（具殊相），也是「世界的」詩（具共相）。

四

上節是從笠全體詩傾向概略地考察，來闡明笠的整體風貌。前面也已提及笠詩集團是一個兼容並蓄的組合，集結了多彩多姿、個性洋溢的詩人，因此還原於各個詩人詩風的考察當更能看出笠的詩作特質與其未來的發展導向。我們可以將笠的詩人區分爲幾個群——本節擬以世代（可顧及年齡順序）——作爲區分的基準，來概要地說明其各自具有的特色。

笠的前行代詩人包含了戰前（日據時期）即已活躍的詩人及戰後重新出發的跨越語言的一代。巫永福的詩以其特別的語言構成來表現豐富的人生體驗、思想和感觸，近期的作品則具有對醜惡的現狀的批判，顯示詩人對於現實參與和關懷的強烈心情。吳瀛濤的詩頗富哲思和理性，但也有其浪漫的情懷表現，對於人生與鄉土顯示了深深的愛戀。王昶雄的詩相當重視結構，具抒情性，時時會顯示出激情的一面。周伯陽的詩往往偏愛取材於自然的景物，有意以平易親切的語言表露明朗的美好世界。詹冰的詩清新、純粹而閃亮著知性的鱗光，他的圖象詩更是獨樹一格，令人印象深刻，經過冷徹的觀察、精密的計算，他的詩也饒富情趣與童心。陳秀喜的詩有其溫柔可親的質素，是充滿愛之詩，對於鄉土、親人、友人的愛與關懷洋溢筆下。陳千武的詩有強烈的現實意識、批判精神和歷史的使命感，能縱橫驅使自如的技法，表現多樣的題材，他的創作在質量雙方均極爲可觀，感性、知性都十分豐富，詩的觸角也極爲敏銳，同時具有理想主義的色彩。莊世和的詩在平易的口語背後有表達善與美的意圖，也顯示了明亮的抒情性格。林亨泰是勇於實驗和創新的詩人，他的詩具有前衛的現代性格，也呈現出多樣的風貌，而以強烈的現代知性爲底流，從較早的現代主義到近期的現實主義傾向的詩風，佳作甚多。張彥勳的詩既有浪漫也有寫實的質素，有優雅的抒情也有緊密附著於生活的實感，往往在詩中表露出強韌的人的意志。杜潘芳格的詩是眞誠的詩，富有宗教的氣息，其特殊的宇宙觀、人生觀往往加深了作品的思考性格，她的詩有表現女性纖細的觸感的一面，但也時時顯示飽滿的質感。羅浪的詩都是晶瑩的小品，風格樸實，善於以周遭生活素材入詩，有其淡泊雅緻的詩情。蕭翔文的詩語言相當精練，取材有獨特的角度，顯示了觀照生活而產生的詩趣，是屬於調和感覺與理性的詩。錦連的詩巧妙地摻雜了感性和知性，其觸覺極爲敏銳，除具有強烈的現代精神之外，也饒富歷史意識和現實意識，他對語言的認知使他的詩的構成極爲嚴謹，詩中所存在的批判與諷刺的性格也增加了他作品的魅力，帶給讀者無比的感動與回味。明哲的詩是苦難的人生所昇華的結晶，充滿了忍耐的生命意志力，對於鄉土獻身的愛與關懷，使他的詩時時流露出強烈的人道主義精神以及不屈不辱的反逆精神。李篤恭的詩有敏銳的感性，在其特有的用語背後令人感受得到詩人強烈的癖性與體臭，擁有特異的詩人質素。

成爲笠的中堅世代、出生於戰前（一九四五年以前）的詩人，也有在時代交接點上錯綜的歷史體驗。林外的觸角極爲寬廣，他的詩從生活出發，用語平實，頗能顯示其介入現實人生的態度。葉笛的詩有對於人生、社會的關心，充滿人道主義的溫情，特別是以「八二三砲戰」體驗爲題材的連作，最能顯示人性內面深沈的感受。黃騰輝的詩有對於變動期臺灣都市生活的體察與描繪，他精簡的短詩自成一格。何瑞雄的作品有強烈的浪漫精神爲其底流，時而抒情，時而理智，既有溫柔的一面，也有激昂的表現，具濃烈的鄉愁情緒。趙天儀的詩爲寫實的本流，取材多面，語言清淡，注重日常性的表現，溫情之中含有關愛，往往在其作品中流露出溫和的社會批判意識。莊柏林的詩有豐富的人生觀照，語言相當節制，具批判性，抒情性也強，其臺語詩優雅而洋溢鄉土之情懷。靜修的詩以平易的用語表現特異的異國情緒，頗具浪漫風情。非馬的詩善於透過出人意表的意象來表現，以簡潔的詩呈示豐富的內容與象徵意味，他的詩也具有強烈的現代感和現實精神。白萩是臺灣傑出的詩人之一，他的作品融合多樣的現代技法於一身，勇於自我挑戰，風格也多樣而多變，具有濃厚的人本意識爲其精神的底流。李魁賢的詩兼具感性與理性，有堅硬而清澈的質素，觸角也相當敏銳，饒富現實精神，有其特異的觀照與方法。黃荷生的詩有偏重思考性的傾向，其感覺語言具有相當的魅力。岩上的詩風平實可親，取材偏向日常與現實，帶有濃厚的鄉土味和抒情性。龔顯榮的詩有其融合禪觀的特別韻味，節奏相當不錯，最近的作品則顯示了企圖摘出現實黑暗面的寫實傾向。許達然的詩，有其獨特的斷與連的語言技法表現，詩質濃郁而幽默，其土俗的詩性精神，充滿隱喩的表現方式，強烈的反諷語調都令人印象深刻。杜國清的詩呈示的是以愛作爲底流，充滿情的世界，他具有象徵主義傾向、繁複的語言意象表現，虛幻、眞實交錯與光影交疊的詩境，加深了作品的典雅與美，哀愁、驚訝與譏諷三者是其主張的詩之基本質素。吳鈎的詩多以鄉土風物爲題材，表達對自己生活大地的關愛。林宗源的詩也是顯示臺灣本土詩的一個路標，對於臺語詩的提倡與實踐使他的詩獨樹一格，具有強烈的鄉土意識。喬林是一位風格特殊的詩人，語言簡潔飽滿，作品極富現代性且寓意深遠。沙白的詩曾受過現代主義的影響，著重於表達現代人內心的彷徨，近期則顯示了透過詩反映現實的傾向。旅人的詩具寫實的風格，在平易的筆觸下頗能展示其對日常人生的觀照，顯示單純的美，也有著淡淡的哀愁感。

至於在戰後（一九四五年以後）出生的笠新生世代的詩人，可籠統地區分爲一九七〇年代中期以前已經嶄露頭角的詩人和一九八〇年代以後才登場的詩人。一九七〇年代中期已嶄露頭角的詩人群中，拾虹是相當有才氣的抒情詩人，他的題材大抵不脫人生與愛，也時時顯示參與現實的心情與意識。耿白的詩則以纖細婉約的抒情見長，近期的作品也顯示了對於本土的關懷。曾貴海則是一位人間性的詩人，他的詩是經由冷靜觀察產生的結晶，感性甚強，對於現實、周遭的關心，使他的詩帶有強烈的思考性。張子伯的詩平實而眞摯，著眼於對卑微生命的關心。黃勁連的詩，表現對故鄉的情懷，也有對人生的揶揄、都市生活的省察，他的臺語歌詩極重視韻律感覺，獨具一格。陳芳明是具有優秀才質的抒情、浪漫詩人。他的詩充滿著對臺灣本土的關懷，能以感性的筆觸表達臺灣的苦難與希望，時而有激情，時而有溫情，具有人道主義與理想主義的傾向。黃樹根的詩是屬於激動高昂的情緒詩，在其作品中有對臺灣充滿病態的政治社會現實大力的鞭撻，也充分顯示出對生存大地的愛情。吳夏暉的詩早期取材於鄉土，充滿著對周遭的關愛，最近則以科技（如電腦）爲題材入詩，隱喻無條理的現實。李敏勇是戰後世代傑出的詩人，他的詩以敘情性和現實性作爲兩大支柱，不但表現哀愁與美，也呈示強烈的批判精神，作爲他的詩的媒介物之風物、場面、事象，透過明晰的理則構造和感性流麗的語言表現，都能轉化成優美的詩質素，發揮作品的魅力。陳明臺的詩具象徵的風格，其根底流瀉著虛無的精神，在表現上，極注意詩全體的構成與秩序，建構了獨特的哀愁美學。莫渝的詩有著淡淡的哀傷，在平實的語言中閃亮著感性的鱗光，散發著生命的韻味。莊金國的詩用語自然而不矯飾，作品多取材鄉土風物，也有許多運用批判、諷刺手法的寫實詩。鄭烱明也是戰後世代傑出的詩人，曾受新即物主義的影響，往往能運用即物的手法顯示新鮮的知性思考，但是他的詩還是以對現實的批判、諷刺爲主流，蘊含有濃厚的理想主義和人道主義精神。陳鴻森的詩中有凜然的現實精神，具批判性，透過富暗喻的語言頗能呈示個人對政治、社會抱持的問題意識，同時他的詩也有對於歷史、人生的省察。郭成義的詩有優美的抒情性也有獨特的思考，他善於透過發現或安排語言，產生新的意義，創造新的詩境，他的詩焦點集中，也相當注意構成。羊子喬的詩表現了都市生活者的挫折與苦悶，用語極具個人獨特的氣氛，特別是以關懷原住民爲主題的系列作品顯示了不同的詩視野，深具意義。陳坤崙的詩用語親切，慣於以愛與同情的眼光注視萬物生命，呈示了率眞無邪的詩心。李昌憲的詩取材於勞工生活，透過深刻的自身體驗、社會問題意識，表達特定階層的心聲與苦悶，深具意義。

較晚登場的新銳詩人群之中，江自得的詩也有寫實傾向，具備關心社會的現實精神，同時語言清新平實，親切而眞摯。林豐明的詩，有堅硬而發亮的詩質，時時會呈示一種說理和堅強的意志力。海瑩的詩有女性詩人特有的氣氛營造，也有對現實的抗議和發言，但整體而言，不失其溫柔的質素，她的臺語詩試作也顯示了對峙於病態的現實社會的心情。利玉芳的詩才橫溢，不論在表現的形式、內容都有可圈可點之處，詩中往往呈示著女性深沈的觀照，獨特的現實意識。王麗華的詩用語潑辣，氣勢萬千，其政治抵抗、社會批判詩，透過反諷與逆說的手法表現，極富幽默性。吳俊賢的詩以其自然觀察以及山林生活體驗，透過寫實的手法來表現，時時顯露出對於人與物的關懷，熱愛人生的心情。林盛彬的詩是一種對應於現實的心情和感觸之呈示，筆觸輕快明亮，表達出人生淡淡的感傷。張信吉的詩早期顯示了訴說青春的心境，後來轉化對現實有強烈的關心，呈現了富批判的現實主義風格。張芳慈的詩，溫柔中帶有冷徹的觀照，纖細而時時流露出自我省察的心境。陳亮的詩常以客觀的敘述手法表現，他的詩有理性的思維，顯現出透過詩來探索人生的傾向。黃恒秋的詩中有旁觀者冷靜的觀點呈示，其詠物詩的技法也相當圓熟。蔡榮勇的詩堅守自身的表現方法，顯示出純樸的風貌。洪中周的詩風平淡，常取材鄉土素材，在靜謐的氣氛中，有令人品味之處。杜榮琛的詩常以對比的句法表現，樹立特殊的形式。蕭秀芳的詩有敏銳的觀察，具豐富的想像力，又不失其情趣。上述的四位均同時致力於兒童詩的創作，有出色的表現。謝碧修的詩顯示了生活中不屈不撓的生命力，可見出其追求人生的積極姿勢。徐雁影的詩致力於表達年輕世代內心的不安與彷徨，且有表現新形式的強烈意圖。江平的詩有豐富的情感表現，透過自身對周圍物象的感應而自成一個世界。陳晨的詩也有藉物述志的意圖，對於歷史與現實顯示了求證的姿勢。阿仁的臺語詩則表達了對臺灣的深情，鄉土風物的熱愛。

參與笠詩集團，除了上述的三個世代，合計七十四位詩人，還有幾位和臺灣文學淵源甚深的日本詩人，其中北原政吉可說是一位老而彌堅，生命力極為旺盛的詩人，從戰前就活躍於臺灣詩壇，戰後曾以熱愛臺灣的心情企畫編集過兩冊《臺灣現代詩選》在日本出版。他的作品揉合現實和浪漫的想像，具寫實的風格，往往顯示出執著於生活的積極姿勢，在詩中表達了樂觀的人生、生命的歌頌與美的憧憬。他同時也是一位傑出的畫家。井東襄的詩富含溫柔敦厚的質素，介乎現實與非現實之間，有其詩人想像力的發揮，也時時顯露出追憶的情緒。增田良太郎是臺灣出生，後來赴日留學，戰後歸化為日本人。他的詩風格平實而不誇張，能善用語言機能，適度地利用比喻與技巧，表達新鮮的詩感覺，透過抒情的筆調，他的詩隱含自身度過的幼年期、故鄉臺灣的懷念。北影一也是曾在臺灣居留甚久的日本詩人，翻譯過臺灣現代詩選集，寫過數冊的小說。他的詩是一種內省觀照的結晶，充滿了對於人性的反省，原罪的懺悔，具有強烈的實存精神。他在笠詩刊發表的系列作品，表達內心對亡故女性的摯愛、激情與眞誠，令人印象特別深刻。

五

以上筆者簡要地敘述了笠詩集團的種種特質，諸如笠詩社在臺灣現代詩史上具有的重要意義與地位，笠同人的基本精神和理念，足以代表笠全體的詩傾向與風貌，乃至笠詩人各別的個性和詩風等等。總之，笠同人的集結和組合在臺灣現代詩的發展史上是空前的，它繼承了前一世代的臺灣文學傳統，猶如堅硬、閃閃發亮，綿延不絕的詩脈，即使在黑暗中也會將臺灣詩文學的火種傳承下去。這本《混聲合唱》選入的作品止足以彰顯笠同人所一直堅持的文學精神，透過詩選的作品，可說是笠詩集團鄭重地向臺灣文學界作了一次全體性的精神宣示。今後，預料笠仍將秉持原來擁有的反省與創新的批評精神，不斷地努力，迎向未來。

【附註】

① 參見筆者作「戰後本土詩運動的成熟與發展」一文，收入現代學術研究專刊Ⅳ，頁七五～。

② 參見陳千武「臺彎早期的新詩」一文，收入「日出的風景」人民文學出版社，一九九三、七月版。頁二四三。

對戰後臺灣本土詩的思考

——戰後的詩和詩人

一

論及戰後臺灣本土詩之際，諸如時代的特質，歷史淵源流變，詩的風格，詩人的風貌等等都是基本的著眼點。但是，若總合地，僅從詩和詩人的角度來展開思考，則筆者認為可以簡要的集中於底下兩個課題：⑴對戰後詩擁有的現代性格的思考，也就是，戰後詩除了其所繼承的，戰前臺灣新詩的遺產之外，還具備、形成了那些自身獨特的特色⑵對戰後詩人的個性之思考，論者以為戰後的詩人普遍具有「回復詩的全體性」，亦即促成「指向全體性的詩」之傾向，而致力於發揮各自持有的個性。女詩人的詩作擁有特殊的質素則是例證。而第一個課題可以從戰後詩變革的模樣、戰後詩的主題意識雙方面來探討，第二個課題則可以從詩人的態度類型、女詩人的風采來討論。

二

關於戰後詩中所呈示的現代性格，舉其要者，筆者以為有下列數項：⑴思考的性格，形而上的、觀念化的傾向⑵內面精神和外在素材的對應，往內面沈潛的傾向⑶現代的敘情，顯示現代知性精神的傾向⑷方法與構成的自覺，呈示獨自的形式的傾向。

戰後詩具備有強烈的思考性格，乃基於現代詩人持有自我意識、對批評的主知的強調所帶來者。前一時期詩中的詠嘆的、感覺的性格因此轉化為批評的、觀念化的、形而上的性格。

黃色絲帶
和
黑色絲帶
以桃紅色柔軟的絲帶
打著蝴蝶結的
我底死

杜潘芳格（桃紅色的死）

一塊綠青色的憂鬱
莊嚴地
坐鎮靜靜的室隅

只用了臉部肌肉表示匆忙的「時」
「時」往流著
忽然
茶器猶如醒來似地
搖擺著走出去了……

錦連〈時與茶器〉

像這兩首詩都帶有強烈的思考性，在具體的物象（或心象）的陳列中，對照詩人的感覺，呈示了詩人形而上的詩思。杜潘芳格透過色彩和絲帶的感官印象，連結死的印象，對應於生與死實際的感覺，其實是詩人觀念化的感覺，由此獲得了詩（死）的普遍性。錦連的「時與茶器」則是在日常的靈感中汲取出來抽象的詩思，時的流動，室隅的沈靜，憂鬱的精神感覺，肌肉的物質感覺，在在都營造出一種抽象思考的氣氛，茶器的出走則是一種悟的表現，藉由結尾的一段，所有的意象（也是詩人的形而上感覺）回歸於觀念（萬物的動觀和靜觀）而固定下來。同屬前行代的詩人林亨泰的傑作《鞦韆》，《力量》：

只是爲了無法妥協的秩序
才不得不選擇的一個席位
那發了青而被擱置的吊椅
左右牽引仍舊掀開在兩邊

座上的人正是一位批評家
搖頭晃腦地坐守在平衡上

力量來自那裡
不是咬牙　不是捶胸
不是埋怨　不是流淚
力量來自那裡
什麼也不必作
只要輕輕地
但　堅定地　說聲「不」

則都是一種個人意志和精神的詩化、普遍化，其本身即顯示出詩人的觀念和思考。前者的以物象引喻，後者的以近似呼喚的口氣，均各自發揮了詩的感染效果。

戰後詩顯示出極度的往詩人內面沈潛的傾向，也就是透過詩人的內面精神的掘出，讓外部的素材和詩人內部的經驗適當地有所對應，筆者曾以心境和風景的對應來作說明。自然景或生活景都是外在、陳列的素材，隨著詩人的心境或觀照而被轉化，被投影於詩中；

有窗
窗是我的寂寞

是寂寞的裝飾品

有雨
雨滴流在窗玻璃上
窗玻璃的雨絲
構成密密的鐵格子
囚我於黯然的籠子裡

有悲哀
悲哀的聲音
從鐵格子窗外傳進來
我必須探望
探望雨絲不是淚水
也不是鐵格子
的眞相

陳千武〈窗〉

它的雙手慣性的張開
在空大而幽深的屋子裡的　因斜光
而顯得注目　面對著前端
黑暗之中似有某物
躍來

這蹲立的姿態　堅定　像
捕手待球於暮靄蒼蒼的球場
彷彿一個意志　赤裸地
等待轟馳而來的星球衝擊
生命因孤寂而沈默　在大地上
悄無聲息的一軀體——
把它的堅強用本身的形象
化爲一句閃光的言語
靜靜的立在那兒

白萩（ARM CHAIR）

這兩首作品都掘出了詩人內面深層的精神，也顯示了外部的物象和內部精神的葛藤，「窗」

一詩中的幾個外部物象，雨↓窗玻璃↓鐵格子↓籠子是關連相互引出的意象，對應於詩人內心的心境變化，黯然↓悲哀的聲音↓淚水的內部心象，則形成了一副無法脫出，拘禁於現實環境裡，詩人『精神囚禁』的構圖。白萩的『ARM　CHAIR』則投影自身內部的精神和意志於椅子此一物象，轉化內部的詩人姿勢重疊在物象上，顯示了積極的實存精神。具備著同樣的傾向。趙天儀的《墜落的乳燕》，岩上的《水牛》；

我不禁仰空默視著
手握死神攫走了乳燕
雲已不再是橘黃色的了
夜已不再是星斗閃爍的了
樓下的街上　正是夜市　正是燈光燦爛

天空終於垂下來了
在地平線上
水牛狠狠的衝刺上去
倒下然後朗朗地笑了
原來我體內也有這樣鮮紅的血

在結尾的一節都不約而同地，將對象（風景）和自己（心境）相互糾結，乳燕與水牛——我仰空與我的血。透過如此的處置，呈示了詩人內密的飽滿精神。

戰後詩中的現代敘情性格，乃是捨棄單純的詠嘆之途或是單純的生理抒情，往往顯示出思想和詠嘆直接連結的企圖，經由情緒的再過濾、再組織沁入現代知性精神，創造出可以稱爲合成情緒的詩情緒來。杜國清的抒情詩最能顯示出如此的變貌。

我要把頭髮理光
在月夜的荒野狂奔
我擁有無數的宮妃
在禁城裡爲所欲爲
我醉了　但我沒有醉
我背棄　我已經背棄了
我抗拒　我叛逆　我罪孽
爲了可憐而脆弱的人性

（傳道者亞瑟的酒歌）

有些什麼吸住我的腳　吸吮我的血
一路上我逐漸枯乾而消瘦
在白雪覆身之前

且以枯骸
支撐著

（紅葉）

在上述的詩句中均可讀到沁雜了諷刺、諧謔、悲劇精神等現代知性，以及揭示實存、虛無、孤獨等現代人的意識而合成的抒情，粗雜的生理情緒已被沈澱，過濾爲詩化的情緒。

戰後詩中也顯示出對方法和構成的講究。實際上，戰後的詩人爲適切地表現其理則，均有意識的致力於意象舞臺之構成，各自的詩方法的把握和講究，乃是架構其內在理則的途徑，含有確立自身詩形式的嚴密要求。

灰暗的極光夜
撒在地上麵粉

用手指深深地
在窗玻璃裡面劃一個十字

十字路的那邊
是遲歸人的背景
十字路的這裡

是掉下的一隻針

莊柏林（雪窗）

當所有的溪流　當所有的歌曲
都向海洋歸宿　都向那一條路出譜
當所有的白雲　當所有的夢幻
都向高山漂浮　都向同一面龐牽掛
故鄉的一切　故鄉的一切
緊緊相隨　緊緊相處

同（歸鄉）

「雪窗」小小的抒情形式，特別是最後的兩節的對應，顯然極爲符合作者詩構成的需要，低調的氣氛，光與影、明亮與暗鬱的對比，造成了完結的詩形式，有其獨特的匠心和魅力。「歸鄉」、相互對應的、反覆的、形式的構成，也見諸於作者的其他作品（如煉獄），在看來平常並不奇特的形式中，字句的安排、配比，卻樹立了作者具個性的詩型。王麗華的尖銳的反諷詩也自己樹立了一種形式，透過看來十分饒舌的逆說詩法來加深讀者的感動與印象。

這是自由的國度
我有自由上不上我的學校

我有自由只要你留三寸的髮腳
你有自由追求你想知道的知識
我有自由禁掉我不要你看的書和雜誌
這是自由的國度

王麗華（這是自由的國度）

他們依舊對著我的窗口演講
演講演講演講　演講演講演講
演講戳破一個我迷信四十年的天方夜譚
演講揭露許多魔毯之下的魑魅魍魎
演講血淋淋隔空摔過來一個破產的信仰打得
我迷迷惘惘

同（他們對著我的窗口演講）

類似一種反教養的、叱責旋律的反覆、廣告標語、文句的運用，幽默的詩情緒，產生了時時會引人共感的趣味性，散文語言顯得有些冗長，也成爲其個人的特色。

三

從另一個角度來看，戰後詩主題的多樣化，詩人觸角的既廣且遠，也是戰後詩可資一提的特徵。筆者以爲戰後的詩是重視主題意識的詩，顯示時代狀況的詩。戰後詩的主題意識和詩人的現實意識是相互爲表裡的，小至個人的生活、現實意識，大至對社會、國家的社會、政治意識，戰後詩中往往顯示出詩人的原始體驗，構織出個人和時代精神糾葛的模樣，如太平洋戰爭體驗，政治迫害、放逐經驗等都包括其中。而戰後詩所呈示的現實性格，基本上，乃是根源自一種問題意識。

大家
在自由的面積上　劃界
在共有的世界上　分割
生存實力
在看不見界線的天空
這樣的宣告著
（一隻鴿子的飛行）
一隻鷹鷲的飛行
各有其道）

不滿份子的歌聲
從廣場唱出
衝破牢固的刺網和拒馬

……………………

交通管制
從四面八方圍堵
控制所有的出口和入口

……………………

在烈日和暴雨中
鞭笞持續
一直到日沒後
漸漸落幕
星星在雨夜的天空
俯瞰裂縫的城市
安撫破碎的心

李敏勇〈廣場〉

白萩的領空，李敏勇的廣場，都以詩人冷澈的眼注視著現實，也都具有強烈的問題性、話題性，廣場以當前臺灣街頭司空見慣的示威，政治權力和人民對峙的場面呈示爲著眼點，領空則以世界強權的「力與霸權」的分割、不均衡爲主題，擴大及關心世界的、國際的視野。兩者所用的報導、記錄、傳達的方法，只選擇簡單的畫面，提供「錄影與重現」，即使詩人基於客觀或旁觀者的存在，也能引發讀者的強烈感動及共鳴的情緒。

上述的問題、話題詩之外，戰後詩以政治、社會事件爲題材者亦曾蔚成一時的流行。

揭開歷史的版面
今天　讓所有認識和不認識的你我
互相牽手在一起
用力向天空喊一聲　永遠的二二八
因爲公理和和平即將來到

鄭烱明〈永遠的二二八〉

從那天起
我們失去了語言
不再擁有　擁有的只是

空白的歷史
遙遠的淚痕
從那天起
我們失去了自己
不再擁有　擁有的只是
淡淡的生
淡淡的死

江自得「從那天起」

同樣地，以二二八事件爲主題的詩，鄭氏的作品透過情緒性的表現，提示了作者的理念，顯示了作者的希望和祈願，充滿激情。江氏的作品則帶有回顧的心情，在淡淡的悲情中釀造出抒情詩的氣氛，顯示了經過沈潛反芻的詩情。

上述論及戰後詩的第一個角度，是以詩的主題，詩的現代性格兩個焦點來展開的。底下擬從詩人的個性來展開第二個角度的論述。戰後的詩人，遍在各種不同的階層，不同職業的人群中，今日，我們已感受不到詩人的特殊性，詩人可能不再是那麼傑出的人才，不再擁有超越的才質，這一方面顯示出詩人平易的存在，一方面也顯示出詩人的個性更加重要。但從詩人的型和傾向來區分，則以往概括性的分法，所謂社會、人生傾向的詩人，方法論傾向的詩人的區分方式似還可以適用。戰後臺灣的詩人，也可看出著眼於認識和批判來形成詩思的一方，和著眼於意匠及構成來經營詩思的一方。

回程的火車啓動時　夢醒了
返鄉的旅程
才眞正開始

林豐明〈返鄉〉

雨花因而漂著
夢魘地存在
夢魘地清除
　故鄉的
　　黎明
那個男人
夢魘地流淚

郭成義〈中尉清道夫〉

兩首詩均以鄉愁作爲主題，卻十分不同，一者寫自我，一者寫他人，一者以近似白描，一者刻意製造詩性氣氛，前者的寫實和後者的魔幻趣味也大異其趣。也許勉強可說後者有著重於方法論、意匠經營的傾向吧。但是，全盤看來，一九七〇年代後期以降，新世代詩人的本土詩，在表現上，有日益傾向淺白化，著重意義性的捕捉、主題的露出遠遠超越表現方法和匠心運用的現象，或許是值得今後深思的問題吧。

而戰後詩人個性的開花，女詩人的活躍即可提供來作爲極佳的例證。女詩人的存在正是所謂；「……具有不易燃燒的石炭一般，堅毅的存在；……試圖達成作品全體的調和，其根底具備不厭倦地追求的願望。」①筆者以爲，受到注目的幾位本土女詩人的作品，都是屬於可以發火或發光的存在。當然，他們各自具備了獨特的風貌。在此，筆者只就其作品中的抒情質素和現代性格兩點展開論略。屬於前行代的詩人杜潘芳格，其作品中呈示的抒情性，比如「相思樹」，「秋天的故里」；

相思樹　可愛的花蕾
雖屢次想誘你入我的思惟
但你似乎不知不覺
而把影子沈落在池邊　震動著枝椏
任風吹散　那細小不閃耀的黃花
不知何年何日終要結束他鄉的日子回去
故里的山巒橫臥著
被淡紅的夜霧瀰漫

均是作者眼中觀照的美、非唯美的，堅實的、連繫於土地或心中的風景，此種遠離牧歌式感傷的特質，在新生代裡的利玉芳的作品中也可找到共通點；

我佇立觀賞
一群群
插上金色翅膀的遊客
紛紛飛入深山
旋即眼簾變得低垂
紛紛飛入深山

（黃蝶翠谷）

亦是屬於接近眼前所見的實像，運用寫生的筆觸如實的投影。

立基於上述的一種抒情特質，杜潘芳格詩中的現代思考性格，因而帶有強烈的自我省察的精神，他的傑作「平安戲」「中元節」都是例證，「紙人」；

我不是紙人
因爲
我——
我的身軀是器皿
我心就是神殿

也顯示了冷徹的詩思。他的詩因而呈現了極其認眞的面目。利玉芳的現代性格同樣也有清澈的面貌；

原以爲貓的哀鳴只是爲了飢餓
但我目睹　在寒冬遍布魚屍的堤岸
不屑走過
然後拋給冷默的曠野
一聲鳴叫
發現那隱藏已久的聲音

（貓）

所不同的是，他還時時會顯示出對受傷的心靈溫暖的關懷。

如果一顆心
被我關在窗外
那　受傷的愛
如何再生

（斷尾壁虎）

被我的震驚和同情擁抱過的
生命受創的傷口

今夜
就會在我溫潤的胸脯中復活

（蠟炬的淚）

較諸上述兩家的詩，海瑩的詩在淡淡甘美的抒情中，卻時而會顯示清楚明晰的理則性。

這種風
常令我佇立　良久
良久

也是這種風
它告訴我
就是上了鎖的記憶
一樣要被吹成
風的故事

（風的故事）

屬於不講的

卻讓輕掩的耳朵聽見
屬於過去的
卻爲現在的意識起作用
屬於沈寂的
卻翩然展現傳播媒體
屬於困惑的
已證明在時空之篩的清流
屬於憾缺的
已從憾缺中學習更多圓滿

（訊息）

後一首作品透過單純的形式配列，顯示出詩人條理分明的思考，帶有柔軟的哲理、論證、推理、作一有秩序的層層展開，詩的秩序即語言的秩序，也能適切的配合而展開。確實是呈示作者特殊才質的佳作。

戰後的詩，如上所論，只是就某些焦點加以探討，自一九七〇年代後半以降迄今，戰後的詩，不管質、量，其實已呈現了相當豐碩的成果。而戰後的詩當然會繼續發展和變貌，筆者以爲最重要者，今後，詩人應對語言持有更高度的警戒意識，比如說，我們還可以到處發現，缺乏肌理構成，任性恣意，只在反覆地呈示自我意識的作品。或是反覆地、重複著既成的意象表現，只基於慣性地，從事著技術操作的作品，詩論家西脇順三郎即曾指出「可以預測的不是詩」，對詩的語言的警戒，亦即詩人對自身表現方法的挑戰，詩人自身的姿勢其實也包攝在其中。還有，如政治和詩的關連，戰後詩內涵的課題依然不少。可以留待今後再作討論。

【附註】

① 引用自日本一九八二年H氏獎得主，女詩人青木晴美的詩話。

死和再生
——桓夫和鮎川信夫詩中共通主題的比較

一

有人以爲詩是詩人精神的記錄，內部世界的投影，譬如說：日本詩人高村光太郎的「智惠子抄」是他和智惠子夫人的愛情的記錄，「暗愚」則是他晚年的懺悔錄。而詩由於其具有的象徵性和共同的感覺，也可能成爲時代和歷史的證言：

> 詩的投影的實體即是我們自身的存在，存在於現代生活的內部，也就是說逃避除了意味著死亡以外，沒有任何意義，敢不逃避的話，則對於存在中會發生或可能發生的所有事象，應將其以某種方式刻印在自己的經驗裡。①

此段話正是明確地指陳了詩和存在的密切關連，詩人經驗具有的高度價值。

以詩作爲詩人的精神史的記錄，時代的證言，從此一觀點來比較臺灣詩人桓夫和日本詩人鮎川信夫的作品，則不但可以見出他們詩中不同的特質，而且可以見出他們共通的、從戰中到戰後內部的精神風貌及變化，乃至對應於時代和歷史的態度，十分耐人尋味。

二

桓夫和鮎川信夫都是屬於所謂戰中的世代，在日本軍國主義支配一切的時期渡過了青春時代，並且親身體驗過所謂「大東亞戰爭」，而對於戰中派的特色，有人曾經如此加以說明：

戰中派所不能不背負的宿命即是自身的青春，在戰爭中渡過的青春，必須正面地和戰爭衝突，對峙此一事實。

戰中派的基本性格即在於因爲戰場和軍隊的特異體驗，產生了求道的姿態和過剩的誠實主義，因而不時努力於凝視自己與超越自我。

戰中派對於厚顏無恥或許顯示了過度的敏感也說不定。②

可見戰中派在其精神形成上無法擺脫戰爭的陰影，不管願不願意，他們都必須受到自身的過去——也就是歷史——的制約，因此在形成自身的精神史之際，「青春」此一存在的意義就特別重大。

首先，我們來看看桓大和鮎川信夫兩人在戰場渡過的青春——兵歷表——兩人均在一九四二年（七月、十月）入伍，鮎川被派往蘇門答臘、新加坡，由於染上瘧疾，一九四四年六月，經西貢、馬尼拉、基隆，中途除役返回日本。桓夫則輾轉參戰於新加坡、爪哇、濠北，參與印尼獨立戰爭，被俘，一九四六年七月由集中營遣送返回臺灣。出征時，鮎川正値二十，桓夫二十二，皆居於青春的入口。而感性特強的這一時期，戰場和軍隊的體驗，當然會讓他們飽受衝擊，對他們思想的形成產生決定性的影響。

只以一張徵兵令，而必須在大義名目下，慷慨赴死，對於這種青春生命的毫無價值，一切的強制，兩人同樣有著極深的體會。

鮎川對於軍隊的強制和欺瞞深深感到失望：「……那是奇怪的階級，厚顏、專制的奴隸世界，絕非開放的集團生活……」③對他而言青春是幻滅的代名詞，只有喪失感，別無任何希望、意味：

在我們之間，廣漠的荒涼視野
如同黑色的腳一般，縮收著
而沉落的夕陽只有一個

（日暮）

不管是軍隊的體驗也好，青春喪失感也好，鮎川卻能在窒息的時代氣氛中，打開一條思想的出路。「……我所知道的是由於軍隊生活的困苦與壓制，讓我發現了不管如何都無法從我奪走的，我最爲執拗、固執的東西……」④所謂最執拗、固執的東西，對鮎川而言，也就是：「……只要沒有失去語言，詩人就什麼都不會失去……」⑤這種堅持到戰後成爲他思想的核心，詩想的中心，自不待言。

對照於鮎川密閉而形成思想的方式，桓夫則有其更曲折的心路，青春的喪失、一切的強制，均重疊於「祖國的喪失」而產生了不同的意味：

日本人有服兵役的義務，……而我們沒有。被剝奪了權利的另一面，被賦有勞役的義務，是我們誕生就拖下來的一絲悲哀的命運……事實，我並非他們的國民，但他們強要登錄我是他們的國民……。⑥

戰場的所有體驗，加深了來自日本殖民地臺灣特別志願兵的桓夫對日本軍國的反抗意識、對自身存在及故鄉的自覺，當然不言可喻。可以說，他所感受的是雙重的強制和抵抗。這些對他戰後思想、詩想的影響自然十分鉅大。

禁止說母親的語言、違反的記錄，
被貼在教壇的壁上記錄著悲哀，
養成賢明愚人的悲哀。

（童年的詩）

命運的花一瓣瓣
綻放著不甚透明的悲哀
如奴隸、被綁在網中

（網）

賦與泥土的命運
死和再生

綁在網中
掙扎於斷臍的痛苦
我的歷史早已開始蠕動
在母親的腹中

（在母親的腹中）

在這些詩句中，可以見出身受強制的悲哀，更清楚的顯示了對於自身根源與命運的自覺。

總而言之，戰中的青春其喪失感、無價值，影響了兩人後來思想的形成。然而，由於立場的不同，鮎川往自身的內部透過密閉的方式而展開，桓夫則透過抵抗的對象（軍國日本）來構建，有其不同的性質。即使如此，在歷史的陰影中，時代的狀況中，他們都能從「人性和存在」來思考，仍可見出共通之立腳點。

三

不拘泥於青春一個時期，而以整個「生」的角度來考察，則戰爭體驗中最深刻的應是對於「死」的體會，戰中的死對立於生，或者死成爲日常，乃至生者與死者的關係，從思想形成的角度來看，對於桓夫和鮎川的詩想解明實有莫大的助益。

鮎川有〈死去的男人〉一詩，桓夫則有〈信鴿〉一詩，均屬名作。前者是作者透過追憶的形式寫給死去的友人森川義信，具有鎭魂意味的詩，後者則是帶有濃厚自傳性質的作品。

實際是，沒有影子，也沒有形狀
一逃出了死，確實是如此

（死去的男人）

埋設在南洋諸島嶼的那唯一的我的死
我想總有一天，一定會像信鴿那樣
帶回一些南方的消息飛來

（信鴿）

比較這兩段詩句，可以見出兩人對死思考的原點，有明顯的不同。鮎川是從死逃出，活下來的人反而卻「無影、無形」的存在；換言之，死去的戰友才是實體。而桓夫則是曾經埋葬在南洋的死，而再度復生，傳來新消息，「生」具有意味。之所以如此，我們可以幾個角度來加以說明。

其一、對於死，二人鮮烈的印象有所不同，縱使兩人對於死均具有讚美和憧憬，「美麗而廣闊的林野是永遠屬於死了／……那朦朧的瞳膜已映不著霸占山野的猙獰面孔了／映不著夥伴們互爭雌鹿的愛情了……」對於桓夫而言，脆弱生命的死是安靜和優美的畫面，「埋葬的那天／……沒有激憤、沒有悲哀、沒有不平的柔弱椅子，向著天空張開眼／你只是在沈重的靴裏伸入腳／靜靜地橫著……」「……他永遠的死去了／哦，人性喲，這美麗的兵士，會再復生嗎……」鮎川則以死為生的逸脫，經由死——即否定——的價值來發現生的意味，當然，其中也有經由對死者的讚美，生者的自我處罰來鎮魂，去除污穢，日本傳統的思考。對二人而言，死都是由醜惡現世的解脫，但是鮎川始終以生者和死者的連帶，生死的對比為主眼點；而桓夫卻有經由死來重建自身的強烈心情。「……終於把我的死隱藏在密林的一隅／於是……我悠然地活著……／但我仍未死去／因我的死早先隱藏在密林的一隅……」刻意安排的死，顯示了對抗不義的軍國的作者的意志，也由於此一安排，支持作者活下來。死呈示作者的抵抗、再生的渴求，具備了不同的意義。

其二、以生者與死者對照的角度而言，桓夫與鮎川也顯示了不同。桓夫始終以自己生與死來對比，〈信鴿〉開頭：「埋設在南洋／我的死，我忘記帶回來」已可見出；〈指甲〉詩中：「我的指甲替我死過好幾次／每次剪指甲／我就追憶一次死」均可見出他是以自身的生和死為著眼點。鮎川則在〈波浪渡海〉一詩中寫著：「即使波浪渡過海／因著一個兵士的死／我的思想會回歸於我」；在〈神的兵士〉中寫著：「許多兵士／死了許多次／又復活了許多次」。他並未以自身，而是以戰爭中多數的死者為對象。也因此桓夫的死是對自身的生與精神執著，鮎川則以遺囑執行人自居。〈死去的男人〉開頭：「譬如／從霧裏／或者從所有樓梯的跫音裏／遺囑執行人，模糊地顯現了姿影／這就是一切的開始」，當然，兩者均具備了誠實凝視自己的心情。

其三、經由二人不同的心路歷程，桓夫是以死的否定意味來作為抵抗時代與狀況的武器，由此而奪回喪失的生。所以「不義的軍閥投降／我回到祖國／我才想起，我的死／」，乃是包含了自身和自身根源（祖國臺灣）主體性的回復，一種全然的再生、復活的意味。鮎川則是以死者爲主體，死者才是完全的存在，生者（包含自身）的永遠具備不完全性，必須依賴死者來補足。因而在戰後，鮎川的青春的、一時代的死，依然是支持他的生的意志的最大的力量；對鮎川而言，活著並非意味著再生，只是一種對應於死的延續。也因爲如此，二人在戰後詩想發展的方向，顯示了相當的分歧。

四

戰後，以歷史和時代狀況的變化此一角度來考察，桓夫和鮎川均面臨了必要調整與適應的困境自是不言可喻，他們共通的問題是如何重新出發；一言以蔽之，鮎川面對著戰後日本的焦土（精神的荒廢），桓夫則面對著語言的劇變（文化的適應），因此戰中的思想形成與體驗，就各自發揮了不同的作用。

鮎川依然持續著以死的否定與敗北的現況認識來透視自身精神的荒廢，以及日本―荒地的事實，死依然是陰影而持續存在。

想死去，也不知道爲了什麼
大事故的記憶被喚醒了
（路上）

不相信勝利的我
長久以來夢著這片荒野，那是
無法容納絕望、也無法容納希望的地方

……………

面向廣大的荒野的魂魄
如何能相信敗北

（兵士之歌）

戰後荒廢的時代中，相對於存活下來的鮎川，死者（象徵完美）成爲支持他（生者）再出發的力量，「荒地」認識的根據，鮎川也因此能在充滿不安與絕望的戰後狀況中，重新奮起，而努力於荒廢的秩序之構建、人性之復歸。當然，戰中鮎川的堅持，依然持續著；（只要沒有失去語言，詩人就沒有任何可能失去的東西）因此，他如此宣稱著：

不承認自己的生具有任何意義，乃是比喪失生命更壞的事。因此寫詩的行爲必然是以意味來證明自己的生之意義。⑦

而桓夫又如何呢？戰中對死的思考，無理的強制的反抗，在戰後成爲再生的精神源泉，從而，桓夫能擺脫死的陰影，轉向重生，他的重新出發卻不能不受制於語言的改變（等於語言的喪失），以及歷史的巨大變化（等於抵抗對象的轉移），前者使他自覺地思考語言和詩的意味。

成爲「詩語」的語言，是植根於一般的人性，作者所要傳達的，和讀者所要了解的，都在人的內在密密地互相照應著。⑧

後者則依然延續戰中對「對象」的凝視，自身根源的確認，來調整自身內部與外部狀況之對應（即現實）。因此，他的詩想始終以下列二個著眼點而展開：

㈠依附主體的確認，歷史的變化既然是無法抗拒，則回歸於自身內部時，首先必須對生的根源再加確認。對他而言，臺灣史的變動乃是悲慘的宿命。

從進入的屋頂
我們永遠跑不出來
…………
是屋頂證實了我們的愛和誠實
然而瘋狂的屋頂使我們一再地痛苦
曾有一次
我們更換了屋頂
可是屋頂還是一樣的屋頂

（屋頂）

感受這種悲慘的宿命，投影自身於外部的現實時，他如此宣稱：

……現實的醜惡常變成一種壓力，以各種不同的手段挾制著人存在的實際生活，導誘人於頹廢，甚至毀滅的黑暗的命運裏，迷失了自己。感受這種醜惡壓力，而自覺某些反逆地精神，意圖拯救善良的美和意志，我就想寫詩。

㈡上述的詩觀，形成了桓夫詩想的二個主要核心素質——批判和抵抗，因而發展出來他的系列文化與宗教批判的作品，在《媽祖的纏足》詩集中；

媽祖的金身
她那龐大的臀部就遮掩了
拾取欺騙自己的錯覺的時候

（春喜）

他們喜歡在神話裏作活
他們預感終將變成神
陰間和陽間越來越近

（廟）

我希望你信神
雖然我無信仰

但是我喜歡你信神
……………
就不再跟我吵鬧了

（平安）

以媽祖此一民間基本信仰的對象的省察，透過宗教、文化的考察，詩人是從自我內部的檢視和批判，投影於外部現實來進行，除了對政治文化的醜惡面，強制（從軍國轉爲野蠻的權力、社會的不合理等）加以反逆外，也有直接對「體制」抵抗的強烈的心情，在其他的詩作中顯現。

專制的太陽壓在頭上的時候
我的影子長不起來

（影子）

從太陽的暴虐
從淹溺的殘忍性
我們逃避

（屋頂下）

死和再生

我張開眼睛
乃是一粒被迸出了的種子
飛落於荒野
茫然、面對著太陽

詩中再三出現的「太陽」這一意象，不禁令人想起基於戰中體驗而寫成的〈野鹿〉一詩中「太陽」的暗示：

……曾經擁有七個太陽，你想想七個太陽怎麼不燒焦了黃褐色皮膚的愛情，誰都在嘆息多餘的權威貽害了慾望的豐收……

太陽作為暴虐的象徵，正是抵抗的對象，從此我們可以見出戰中到戰後一脈相承、精神發展的軌跡。

可見，桓夫和鮎川在戰後、詩形成的過程中，戰中體驗給予他們兩人的影響，前者基於「再生」而產生積極的意志、批判與抵抗精神，後者以與死者的連帶感而從敗北中努力奮起，透過詩、語言，連結自身與外部世界，他們都寫下了自身的精神記錄，也為荒廢不毛的現代留下證言。而且，桓夫和鮎川信夫的詩，可以說都是屬於倫理的詩，透過內面飽滿的精神，經常保持對存在狀況的關心，有著嚴苛地自我凝視與省察的心情。

【附註】

①北村太郎，《投影的意味》參照現代詩論大系1，頁三四。詩潮社，一九六五年四月。
②安田武，《我的戰後精神史》參照（戰中派）頁三一～六二。第三文明社，一九七八年五月。
③鮎川信夫，《戰中手記》參照頁四二。詩潮社，一九七四年十月。
④同上，頁五二。
⑤鮎川，《鮎川信夫詩集》。（無祖國的精神），頁一二〇。詩潮社，一九六八年四月。
⑥桓夫，《獵女犯》。（輸送船）頁二六。熱點出版，一九八四年十一月。
⑦同上，《鮎川信夫詩集》。（詩人的出發），頁一〇二。
⑧桓夫，《現代詩淺說》。（詩的語言）。頁一二。學人出版，一九七九年十二月。

硬質而清澈的抒情

——純粹的詩人錦連論

一

日本已故作家武田泰淳的名作『司馬遷——史記的世界』是詩人錦連愛讀的書籍之一，筆者的記憶中，那已經是十年以前的事了。詩人的眼中閃亮著異常熱烈的光芒，滔滔不絕地，談論著武田氏對司馬遷的評價，其中的一段：

司馬遷是被去勢，活在恥辱中的男人……日日夜夜啃嚙著難以忍受的恥辱而繼續活下來，而且抱著堅忍執著的意念不眠不休地創作他的「史記」，……許多的名著都是痛苦的產物，司馬遷所忍受的，刻骨銘心的痛苦卻是無可比擬的。活著即是恥辱這樣的苦楚，乃是致命的東西，讓任何人都束手無措。

當時，那一剎那，詩人的神情，確實令人難以忘懷。在現實生活中，錦連氏自然不必有，也不曾經歷過司馬遷的體驗和屈辱，重要的卻是，錦連氏能像武田泰淳氏一樣，深刻地理解司馬遷——亦即所有處於悲慘境遇中，受盡屈辱的人——的心靈深處，並且強烈地感動於那種忍耐逆境，轉化莫大的苦楚振作發憤，狂傲不屈的精神。錦連氏之所以自覺：『……精神生活中如果沒有詩，我一定會更加痛苦和絕望。追求詩文學是我唯一的慰藉，如此而已……。』不斷地，在空虛和寂寞的人生中，堅持擁有詩作爲精神糧食，或許就是根源於能夠忍受內心痛苦的煎熬，擁有類似上述司馬遷生命內裡燃燒的強韌意志吧！可以說，由此形成了詩人錦連獨特的，有所不爲的潔癖，極端的自我節制，始終一貫追求詩的純粹心情。

然而，錦連氏絕對不是抑鬱終日，畏畏縮縮過活的詩人，反而極易讓我們感受到作爲平易親切的一個人，內在樂天的，根植於大衆生活，積極入世的庶民感情，甚至帶有一種出自草莽的豪傑氣概，充滿生命力，具備反骨的俠氣，滔滔不絕雄辯的才能，他的氣質中，幾乎是混合了大量明朗和颯爽的要素，像磨得雪亮的剃刀一般，時時刻刻，顯露出硬質清澈的抒情性格，促使他輕而易舉地，發揮著他幽默的感性和鞭辟入裡的諷刺本領。

因此，縱然詩人錦連氏自己認爲『……我一直以孤單及緩慢的步伐，走過近半世紀的寫作歷程。』『……我自然一直蹲踞在詩壇上一個陽光照不到的角落。』①其實，他天生具有與衆不同的詩人風采與氣質，早足以證明他的踽踽獨行絲毫無關、無損於他成爲巨碩發光體之價值和存在。

衆所皆知，錦連氏是屬於跨越語言的一代，一九二八年出生的當代臺灣元老級詩人，他的詩作開始甚早，更經歷過戰後漫長的臺灣詩史過程，雖然稱不上是十分多產的詩人，從「銀鈴會（潮流）」、「現代詩」、「南北笛」、「好望角」、「現代文學」、「創世紀」、到「笠」詩刊等重要的詩刊、雜誌，都曾留下他的足跡。已經出版的詩集有「鄉愁」、「錦連詩集挖掘」、「錦連作品集」等。

二

錦連氏曾自謂日據時代即開始詩作生涯，而參加銀鈴會『……確實改變了我的人生，……現在回想起來，當時如果沒有與張彥勳兄主編的銀鈴會相遇，可以說，也沒有我的文學生涯。』②因此，在區分他創作演變的階段時，也許可以把從戰中到銀鈴會的歷程，當作是他文學修業的一時期，在此一時期，已初步塑造出他詩的風貌。或者在浪漫的情懷中呈示具象的人間風景，或者在現實的觀照中孕含生命的思索，或者在節制的感性中表現青春的哀愁，都顯示了明晰的心象，平實而飽滿的構成。

風打北方吹來
盯盯地望著天空
我的心隨著每一擊波濤
逐漸給叫醒過來
突然抱著胳膊
爲何我會悲哀
分外明亮的天空

（在北風下）

閉上書本丟棄筆
睜開眼睛　我站了起來

我的面前
聳立著一面耀眼的白壁
不許否定的現實的相貌……

（無爲）

仰望著細雨濛濛的天空
老頭兒
噗噗地吐出煙絲的灰煙
小火車的嘆息
和陳舊煙管的渦形煙圈
輕飄飄地糾纏在一起
硬質而清澈的抒情

（寫生畫）

『在北風下』發表於銀鈴會出版的〈潮流〉，〈無爲〉和〈寫生畫〉則同屬於戰後初期的作品。共通地，均以寄物陳思的方法，借外界的物（如白壁、書本、煙、小火車等）或自然風物（如天空、波濤、風等）來表達內裏的詩思，〈在北風下〉是表現一種我與物的共感，季節（時間）變遷中的孤寂，〈無爲〉則帶有哲理和思索的性格，陳述一種虛無的日常生活情緒，〈寫生畫〉則用遠近法，印象式的筆觸寫生客觀的風景，從外界的物象引發出自身（也是一般人易於體會的）的感傷。

通過這樣一段傾向浪漫抒懷的時期，〈鄉愁〉（一九五六年，是他四十、五十年代詩作的集成。）詩集的出版則劃分了另外一個階段，顯示出當時詩人求新求變和更加一層飛躍的渴望。收入集中的作品多爲短詩形式，和隨後不久發表的前衛實驗創作相互輝映，令人感受到詩人鮮烈的知性，豐富的想像與多采的意象塑造。

西瓜——
　紅的鮮艷之閃耀
水分——
　從少女們雪白的牙齒間／
滴落下來

夜市——
　眞現般的露水之氾濫
（夜市）

一絲絲的
銀髮之鐵線網
一滴滴的
眼淚之圖案
（雨情）

蚊子也會流淚………
因爲是靠人血而活著的
而　人的血液裡
有流著悲哀
　硬質而清澈的抒情

（蚊子淚）

有著
　重量的悲哀
有著
　期待著奇蹟的恐怖

（妊娠）

　疲憊之極
我倒在床上而哭泣
　我的淚
沁透了感傷的核心／
我——
我是個天才的

僞善物

（我）

「蚊子淚」中顯示人與物的哀憐，是對極爲渺小存在的同情，帶有回顧自身的心情，「妊娠」呈示對生命敏銳的感覺，極端神經質而纖細。「我」既有自我憐愍也有自虐的情緒，在自我反省中表達了複雜的心理。這些訴諸詩人的癖性和感覺的作品，其實最能顯露出他精微小詩世界的風貌。而在前衛詩的實驗創作方面，他獨樹一幟的cine poeme（影像詩）的詩作雖爲數不多，如「轢死」，「女的記錄片」，都生動有趣。納入此期的創作群中，則具有一種不同的意義，添加了異質的面貌。

經歷浪漫的、短詩型和前衛詩的試作，錦連氏詩風格的確立和成熟，應該是在六十年代以降，顯示出強烈之現實主義精神的時期，此一時期詩人參與「笠」詩社的創立和活動，剛好隨著「笠」詩刊的成長，呈示他個人圓熟的風貌。可比喻爲從以往零落散在的金屬亮片形成連綿的豐饒礦脈的時期。對時代的強烈抵抗意識，對自身所背負歷史根源的思考，乃至人生恆久的鄉愁，現實的諦觀（凝視）和批判，充實了他詩的內涵，擴大了他詩的視野。立基於自身存在時空的詩主軸之探測，更深化了他作品的內奧世界。發表於「笠」詩刊第六期的傑作「挖掘」正是典型的例證。

許久　許久
在體內的血液裡我們找尋著祖先們的影子
硬質而清澈的抒情

白晝和夜　在我們畢竟是一個夜
對我們　他們的臉孔和體臭竟是如此的陌生
如今
這龜裂的生存底寂寥是我們唯一的實感

晚秋的黃昏底虛像之前
固執於挖掘的我們的手戰慄著
面對這冷漠而陌生的世界
分裂又分裂的我們底存在是血斑斑的

我們只有挖掘
我們只有執拗地挖掘
一如我們的祖先　不許流淚

這是「挖掘」一詩開始和結尾的兩段。以追尋祖先的影子作爲起首，透過執拗的發掘行爲——其實是無意義，徒勞的反覆行爲——來呈示無比堅持忍耐的精神，引爆壓縮鬱積在內心深處的生命意志。這首詩投影了作者回顧自身根源的熱切渴望，和對生存現實空虛無奈的感受，詩中的水（原文：在流失的過程中將腐爛一切的水）和火（原文：在燒卻的過程中要發出光芒的火）的對比，正表達了作者對現實（即存在狀況）的絕望和批判。而「我們」一詞意指的共同意識，則擴大了作者個人的理念引申成爲群體（土地共同體）的思考，交錯在詩中的過去和現在兩個時空座標，使詩中內孕的問題可以無限的延伸發展，成爲深刻、嚴肅値得深思的龐大主題。在詩人創作的圓熟期，類似「挖掘」此種以人生、存在、現實爲主題的作品（如『鐵橋下』、『日夜我在內心深處看見的一幅畫』、『沒有痲雀的風景』、『操車場』等作品群），數量不少，可以視爲是錦連氏延續至近期，代表性且具備重量感的深層作品。

三

錦連氏的詩風從較早期的浪漫傾向，經歷短詩型的強調知性，到近期依然維繫強烈的現實主義風格，雖然，可以作一明顯的區劃，但是，共通地，潛藏在他的作品內裡，成爲精神底流的四大要素（特質），亦即硬質的抒情，纖細的官能感覺，追憶消逝的情緒，諷刺和批判的精神，才是構成他詩作的中核。

如作品『序詩』：

蠟光下

生命對永恆的愛獻上眞摯的供養

硬質而清澈的抒情

朋友
自古以來神不曾住過教堂或條理之中
神必定存在於人類的溫柔的心中

是充滿溫情和關愛的詩篇，卻顯示出來極爲硬質的抒情，絲毫未沈溺於流瀉的情緒之中。類似此種十分理性、冷徹的現代抒情，正是錦連氏詩有情世界的基本要素。因此，作爲一個抒情詩人（錦連氏本質上是一個感情豐富的抒情詩人），他的詩與牧歌式的古老感傷的韻律是無緣的，像「貝殼」一首：

……海何其廣闊
而希望卻何其渺小
在沒人知道的海灘
一枚貝殼曾經靜靜地　聆聽著波浪之歌
如此地
快樂　快樂的歲月被遺忘了

在優美流暢的抒情旋律中，孕含著詩人自我凝視的心情，自身和時空相互照應的意識，見不到空幻的唯美表現，又是一例。

如作品『寂寞之歌』：

深遠的痛癢的某處

許多未命名的存在都圍繞著構成的核
那裡……
苦於沒有綠素的茶葉堆積如山
嫩
柔
紫黃
白金
始原於簡陋結構的夢在徘徊
在這類似寂寞的慨嘆裡
你得舐吮口腔內壁的浪漫渣滓
因爲夜已過長
而且還未天亮

表現纖細的心理感覺，以豐富的色彩，塑造夢幻之夜晚氣氛，透過各種感官機能的發揮，構建出虛實相間，朦朧恍惚的詩境，讓讀者輕易地會墮入，極富魅力的感性世界，純粹是一訴諸感覺性的詩型。像『修辭』：

無限的字眼是空洞的
好像喊著永遠一樣……
我凝視你而知覺著現在
這亦是尋得而又會失落一樣……

詩中「……」的運用已顯示出不落言詮的餘韻，小巧的對比形式裡暗藏著抽象的、形而上的思考空間，靜待讀者去感知。這類的作品，在錦連氏的「鄉愁」詩集裡隨處可見，乃是詩人個人癖性的一種露呈，極爲異質的東西。

如作品「我的病」：

我記憶裡的過去——
想起來我是經常如此的　周期性
從無法重見的車站出發
我的哀愁無限地延伸著
甩開悔恨的過去到乾透了的砂漠去
…………
而我的痛楚穿過空洞的心裡城鎮
將把哀愁撒在像灣頭釘般敗北的路上

那裡時間早已停止
而只靜靜地流著永遠不語的絕望的
記憶的砂
如今我得在此等待　我只得在此等待不可

詩中充滿著追憶消逝歲月的情緒，即時間的感慨，對於詩人而言，並非只是映照現在自我的鏡子而已，它無寧是他自身人生過程的重現（經常如此地，周期性地）所謂「記憶的砂」是「可以展望不熟識的四季風景／而載著希望和不安奔向下一站」的源頭，現在的時間則可能是「只得在此等待不可」的時刻，所以在虛無的人生中，記憶的砂——回顧過去的時間，即回顧在時空中消逝的情緒——對詩人而言，是一種極富意義的東西，過去涉及現存和未來的時間，因此，詩人得以在詩中寄託對人生、生命、時空無限的鄉愁，還有，對現實存在（也許只是鏡花水月般的幻夢）的希望與期待。這種追憶消逝的情緒，或許是時時淨化詩人的心情。強化詩人生命意志的活水吧！

昔日的挫折裡有著海鳥掠過的影子
在記憶的深處　我還記得
那海鳥兒打從不可知的方位歸來
帶著令人振奮和憂傷的訊息
…………

脫掉那些憂傷的頹喪的潮濕的衣裳
波浪沙沙地推　徐徐地退
波浪一波一波地……而我必須回歸
回歸我的位置——那高亢的生活的現場
（回歸）

忽然　我從苛酷的人間劇場回來
…………
用清洌的溪水洗掉滿身儈氣
我投入於這幅令人嘆賞的風景
急忙調整呼吸與這世界的脈搏同步
我猛醒悟——剩餘的時間無多
我該有所作爲

我坐在堆積如山的山柴堆裡
耐心地　點燃再點燃……

（出發）

『回歸』和『出發』兩首詩，同樣地，讀得到詩人濃厚的追憶情緒，而此種洋溢著哀愁感的回顧情緒，並未引發詩人的感傷和頹廢的心情，反而轉化爲堅強忍耐的意志（耐心地／點燃／再點燃……）和成爲重新凝視現實的精神契機（而我必須回歸／回歸我的位置……）。基於此，則詩的完成即象徵了詩人自身精神重建的達成，也是詩人在現實生活中，用來對抗挫折和敗北的方法！

如作品『軌道』：

被毒打而腫起來的
有兩條鐵鞭的痕跡的背上
蜈蚣在匍匐　匍匐

臉上都是皺紋的大地癢極了

蜈蚣在匍匐
匍匐在充滿了創傷的地球的背上
匍匐到歷史將要湮沒的一天

透過簡單且具備創意的形象描寫，幽默地表達出人類面臨世界覆滅的大主題，詩裡隱藏著強烈的諷刺精神，由於作者能巧妙地，運用短詩型來壓縮、顯示出自精神內面的揶揄，也擴大了趣味的想像空間。

有人在車廂裡吐煙
涼風從窗外突入
煙的意志
慘澹地潰走了
發作時的
狂人的腦子的電流圖——潰退的隊伍
（吸煙）

這媽祖的臉
發著苦惱的黑光
（坐得太久了）
由香爐昇起
思念的縷縷煙

歷史流過廟宇之上
依然
裝著冷漠的
媽祖的臉的憂憂
（坐得麻木了）

（媽祖）

『吸煙』借人的意志（潰退的隊伍），『媽祖』則以生理感覺（麻木、憂憂等）來引喻，如小巧的具象畫似地，都鮮明地，捕捉、造型了特定的物象，賦與十足的反諷意義，產生調侃的效果，兩首詩不只給予刺戳了讀者神經的快感，在節制的短詩形式下，也令人充分感受得到諷刺詩的美感。

如作品『沒有麻雀的風景』；

鐵軌緊緊地綁住地球
高壓線爬滿了通至未來的路程
機車頭集電弓發出裂帛的火花
御命朝向未可知的方位奔馳的這頭怪獸
它們在監視　它們在威壓　它們在叱咤
整個風景似乎感知不吉祥的預感
　硬質而清澈的抒情

而哆嗦著

失落的樂園
已不再有麻雀回來
少數偶爾在熟識的電線歇腳的也不敢久留
曾經成群的一隻挨一隻玩的麻雀
牠們也隱隱地感到
被捆綁的透不過氣的地殼
從深處的內部隨時要裂開
要送出一股悲憤的岩漿

是表現經歷恐怖事件後，生存大地的悲慘模樣（從深處的內部隨時要裂開……），雖說以麻雀和樂園來象徵，卻很容易讓我們回憶起類似白色恐怖年代殘留的種種傷痕，也許作者是在詩中，透過暗喻，描繪自身曾經歷過的黑暗殘酷的現實風景，爲時代狀況留下忠實的記錄。失樂園的描寫也讓我們連想起日本的反骨詩人小野十三郎在軍國主義橫行時期，透過詩來記錄國土荒廢的景像。同樣地，在『貨櫃碼頭』和『日夜我在內心深處看見一幅畫』兩首詩，也是對現實體制暗中加以批判的作品：

畫面是承受著層層的相疊的黑雲

和由四方匯集而不斷加重的雲層
雲層下有支撐者
天空看不見的重壓的無數手臂
和由八面趕來增援的許多手臂

看著這幅畫　我會隱約聽到
骨頭輾軋的聲音
手臂斷裂的聲音
身軀碎散的聲音

（日夜我在內心深處看見一幅畫）

從前這碼頭充滿著喧嘩和歡愉
碼頭的身軀因幸福而舒展著筋肉
碼頭的脈絡因希望而膨脹又鼓勵
自從這來歷不明的貨櫃堆積於這碼頭
它們遮斷了遙遠的水平線

硬質而清澈的抒情

使我們看不見燦然的日出和日落
颶風一次又一次地掃過
海浪一波一波地洗過這貞潔的碼頭
如今期望的瞳孔浮出魚白的哀愁
碼頭的臉孔淚痕斑斑

淒涼的碼頭　起了血腥的狂風
　無聲的哀號在貨櫃間漂散

（貨櫃碼頭）

顯然地，『日……』一詩寫出處於政治高壓時代受難者的形像，在重壓的惡夢中人們的痛苦呻吟，『貨櫃碼頭』則以加害者（貨櫃）被害者（碼頭）的暗喻來批判存在現實時空中，蠻橫的政治權力。但是，雙方共通地，在批判和失望之餘，都沒有放棄詩人內部存在的一絲希望，致力追求光明和理想。『貨……』一時將批判的心情轉而化爲詩人的內心的憤怒；『……這巨大的棺材／急需待運出海……』意圖葬送萬惡的根源（棺木、貨櫃），尋求逃脫悲慘的現狀。『日……』一詩則顯示堅持不屈的理念和理想；『……我依舊將日夜看見的這幅畫／掛在期盼和貞潔的良心壁上……』，作爲支撐活下來的信念。

總而言之，錦連氏的重要作品，都努力地在表現人生的主題。所謂「……對存在的懷疑，不安和鄉愁，常使我特別喜歡一種帶有哀愁的悲壯美……」，③他的詩，根源於對大至宇宙萬物，小至自身人生的虔誠與熱愛，進而去追尋一種富含悲壯的美，以及生活、生命之堅強意志。他的詩包含清澈的抒情、纖細的官能感覺、濃厚的追憶情緒、批判和諷刺的精神等等質素，經常透過明晰的心象風景，有意識而完整的形式構成來呈示，時時令讀者品味得到新鮮而戰慄的感性與知性。在冷冽的觀照中注入了異常熾熱的感情，即使在他每一首詩的字裡行間，沾染著人間的體臭，投影了複雜的現實景象，他的詩卻依然是眞正的『詩』，是他無垢無欲的精神表現，絲毫不含任何雜質。

錦連氏，確實堪稱是當代稀少罕見的，純粹的詩人。

【附註】

①「錦連作品集」自序，一九九三、六，彰化縣文化中心版。

②同右。

③同右。

漂泊之歌

——試析論拾虹的詩

一

在詩人拾虹的內部，棲息著三個特異的騎士，放著馬馳騁著，架構了他的詩的世界，以及異質的詩的性格。

第一個騎士是浪漫的騎士，在本質上，他是一個浪漫的詩人，正如他所宣稱的：詩是自我的情緒的發洩，他的情緒像總是蘊藏在他的深處，隨時會湧溢出來，即使是靜默時，也可以看到它在暗中起伏著。

第二個騎士是不安的騎士，在本質上，他是心靈的旅人、生的旅人、不能忍耐於安定的日常的人，他閃閃地亮著「不安」作爲精神的異質的燐光，這樣的燐光，使人感到，他適合，從一個港口飄泊到另一個港口，而在陰暗的酒店，或星空底下，閒散著歪斜的頭打發他的「生」和「時間」。

第三個騎士是苦悶和焦灼的化身。他也說過：詩是苦悶的象徵，正直的人生的表現方式。感到生和現實的苦悶，而具備有對於周遭無以言狀的焦灼感。爲了突破這樣的苦悶與焦灼感，也許他會一個人徘徊于暗閒的街路，叫人找不著行踪，無目的地去踢躂散步，而在他的心中思考他的詩吧！

這三個騎士錯綜地交叉在他的內心裡，構成了他的詩的世界，以下，我們擬就他的詩，來加以論證。

二

拾虹的浪漫精神，是他作爲追求美的一個根源，在「黃昏」一首作品中：

遠遠傳來一陣死寂
誰用如此靜默來印證
好空曠的原野啊
阿庭　我的臉還紅著
還聽得見蝴蝶飛翔的聲音
走吧　用不著張開眼就看得見路
很近　阿庭
從這邊走

這個時候我喜歡看在天空飛的蝴蝶

蝴蝶　蝴蝶
啊　好漂亮的蝴蝶
阿庭　你有沒有看見
我的臉是不是還紅著呢

黃昏的色彩，在這首詩中被一再地強調，渲染而顯示了十分不同的氣氛和面貌。同時，除了風景——曠野、路以外，紅的臉的我、天空飛的蝴蝶，都是具有漂亮的顏色的東西，這種對於色彩的渲染，不但符合了象徵黃昏的印象的內容，而且表達了充滿變化的詩人的本身的視覺感。這是詩人心中的美麗的黃昏的話，黃昏也只是詩人多采多姿的世界風景的一個斷面而已。

這種追求純粹，而強調色彩、視覺美的心情，在拾虹初期的戀愛詩裡，也常常可以看見。譬如「花間的太陽」：「總以爲醉後的紅頰屬於神秘的流浪／戀上春天，縱使喚花的手／已失去唯一的手勢／衆花飛眸／我是那顆微醺的太陽。」如「浪花」：「輕輕地撞擊著／神秘的心靈城堡／一種愛意徘徊著，城外／總是低吟曾照在小水手臉上的／那朶月光……」。彩色的視覺感仍然鮮明，而且增加了嗅覺的芳香的味道，交織而成爲細膩、晶瑩的抒情。而，當拾虹把這種抒情發揮到極點，或摻雜了他的異質的詩的精神時，往往就產生更高的驚訝與令人意外的美：

一顆砲彈把花開在空中
成爲一朵小小的紅傘
是姐姐心愛的嫁粧

出嫁那天
姐姐穿著雪白的禮服
撐著小紅傘
悄悄地走了
一直沒有回來
一直沒有回來

夜裡　庭院上的小紅花
偷偷地開了
啊　原來是姐姐撐著小紅傘回來

一直沒有回來的姐姐成爲小紅花而開放，紅花是活生生的東西，而姐姐卻「說不定」是在砲彈下死去的存在，這樣的聯結方式，首先呈現了異質的發想，砲彈的開花成爲傘的譬喻，也是將非日常的戰爭狀態，打破一般的思考，聯結于日常的生活巧妙的安排，戰爭的殘酷在現實中卻因爲美麗的小紅花的開放，反而會被讀者淡忘與忽略，這種反逆的寫法，顯示了他淹沒了一切的浪漫的精神底流。

我們不宜忽略拾虹的浪漫精神形成的，如上述具有獨特的美的表現之特色。

三

不安的精神，有時是在受到外在的威脅，或被強迫的暴力而產生，有時則是基于幻想與精神上的恐怖感而存在。就拾虹而言，不安的精神，卻具有多種的面貌。

有一種是與生俱來的不安的感覺，和「冷」相互重疊的感覺，只有一個人的孤獨的不安感之類的，如「鬧鐘」一詩：

夜　這個玲瓏的棺木
是我喜愛的小玩具
躺著　像嬰兒
我是疲倦地睡去的嗎
我發現我早已死去
卻又喘息一般　匆促地呼喚

遠去的靈魂　然而
我的靈魂愈去愈遠
我的聲音也愈來愈微弱
只有我一個人嗎，好冷

嗚…………………媽媽

從結尾的依附于母性的欲求，顯示了作爲誕生時已存在的「冷」的感覺是重疊在夜、疲倦、以及死，以及靈魂的遠去、聲音的微弱之中，這種含著對于根本的人生不安的面貌，事實上是契合于拾虹本身內部時時會蠢動的「不耐于生」的心情。

有一種是對于時間與空間的不安感。透過活著的行爲，而強烈給予拾虹的不安感。如「當舖」：「手錶當掉了以後／時時還會舉起手來看看／現在是幾點鐘呢／急急地／急急地趕路／希望趕得上最後一班車啊／現在是幾點了呢／經過當舖門口／忍不住又要望了一下／斗大當字下面的時鐘／也在滴滴嗒嗒地趕路／現在是幾點鐘呢。」失去了手錶等於失去了時間的這種不安，聯結于時間本身的流逝而形成的「存在」的不安，在活生生的日常中，是時時會令人聯想的印象。「星期日」一詩則有對于未來、空間以及基于無以言狀的壓迫感而產生的不安：

星期一駛來的是什麼樣的一條船呢
星期二駛來的是什麼樣的一條船呢
星期三駛來的是什麼樣的一條船呢
星期四駛來的是什麼樣的一條船呢
星期五駛來的是什麼樣的一條船呢
星期六駛來的是什麼樣的一條船呢

啊　遠遠而來的是什麼樣的一條船呢

在日常中，每天成爲未知的不安感，船本身存在的空間感覺，遠遠而來的壓迫感，以及作爲人的無奈的張望與等待的無以忍耐的心情，這裡也含有一種逆說式的異質的詩想。

而不管是與生俱來的，或據于空間與時間的座標軸的不安的感覺，在拾虹的「生」裡成爲不安的精神而擴大，仍然是在加入了他對現實凝視的時刻，在「我的車廂」一詩中：

如果思想像蚯蚓一般地鑽入血管
密佈的動脈形成千萬種蠕動
我的車廂就必須葉葉開窗
夜夜聽取人們飢餓的聲音

漫長的旅途壓抑不住的悸動
就是想排泄一點什麼的徵象嗎
可是　每一停下
我的身子就蔓延著一種
半身不遂的疾病
我只好痛苦地
從一節車廂換過另一節車廂

到了終點
我急忙自我的車廂中跳下來
然而　蹲下去想排泄一點什麼的時候
卻嘔吐著
　嘔吐著已成爲腐質土的自己

連繫于「我的車廂」的外在的自己，只有在開窗聽取人們飢餓的聲音的狀態下存在，而且，時時感到被壓抑的不安，時時變換著車廂而繼續了旅途，在終點卻見到成爲腐質土的自己，由不安而產生破滅，以及認識破滅而活著去注視現實的心情，就詩人而言，已經將不安的精神提昇到承受暗鬱的現實而存在的生的層次。

不安的精神，作爲拾虹與現實聯結的渡橋的意味，我們不宜忽略。

四

苦悶，通常是源自一種被抑制，或者源自一種挫折，類似於受了傷的苦楚，由此而產生化解苦悶的焦灼，以及反駁消除苦悶的心情。

拾虹的苦悶，乃是基於找尋自己的位置，確認自我存在的執著，而形成的「生」的傷。含有一種無法表現自己的陰暗的挫折感：

我們只配在暗影裡黯然生存
在看不見自己的地方
默默回憶早已忘記了的名字
……………
我們正聲聲地被抽著
然而我們聽不見
仍然睜著眼走路
仍然是凄然地年輕
我們是多麼地不願意

（禿樹）

燈亮以後
猛然發現走回家的路竟這樣的漆黑
所以我思索著
該如何才能點亮那盞屬于我的
小小的燈呢
…………
即使燃盡了火柴棒
我的影子
依然是遲遲未能點燃的一根煙

（燈）

這些詩裡面，都表達了「尋找自己的位置」以及「無法顯示自己的位置」的雙重苦悶，「燈」是在點亮了燈而發現黑暗，「禿樹」則是不自願的存在，而且看不見自己的存在，黑暗對于拾虹的魅力正是由于黑暗成爲代表他的生的苦悶的形象，同時作爲他摸索「自我」、確立「自我」的橋樑，透過對於黑暗的執著，他才能產生發現自我的光的可能，以及決意。如「追求」：「不要選擇切腹／因爲那樣美麗的坐姿／不是我們自己的方式然而／我們終于開始等待／遙遠地方傳來／擊中目標的回響。」「石頭」：「……這樣子我認了／但是請不要隨隨便便否定我的存在吧／即使覆蓋我的是黑暗的天空／我仍然能夠看清楚我／黝黑的位置……。」在這兒，雖然是如同暗夜中的一點星光，他卻沒有放棄一種追求生的光芒的欲求，甚至于有如「椅子」一般：「有一天房子失火了／我知道我一定逃不出去／只是我甘願／這樣地成爲灰燼。」產生焚于火中而重新肯定自我的意志與勇氣。

事實上，這種苦悶、焦灼的心情，伴隨著希求被理解、顯示自己、焚化自己的渴望，含有些許自憐意識的心情，正是拾虹最初的詩作的出發點，在「寫給自己」中：「無色透明的我的名字／是多麼可吟誦且適于描繪的／只要認識了我／就會不知不覺地讀我的詩／我日夜辛勤地抱著吉他／那是鍾子期無盡綿長的哀嘆／然而我注定是屬于酒的／你們要是用我的名字祈禱／我會聽見甚至發覺／散出陣陣的酒氣／這就是詩的味道了……／這樣成爲祭後紛飛的紙箔／我不得不燒去我的詩來祭拜／此去成灰的拾虹。」無色透明的我的不安，期待鍾子期的知音的焦灼感，酒與詩的味道的浪漫精神，焚化自己成爲灰由苦悶而產生的意志，在這種交錯的拾虹的異質的精神中，我們可以看出，他肯定自我，執著于追尋自我的位置，而發現寫詩的意味的最初的動機。

拾虹的生的苦悶也是基于此種一己的身之苦悶而有所擴大的。

五

愛，是表現拾虹內部精神最準確而生動的方式，愛與詩的聯結，則是拾虹表達正直的生的最直接、清晰的方法。

首先，拾虹的愛的本質是基於「爲惡的快樂」，牽繫于性愛的狂熱的追求而存在，在「香港」一首詩中：「從香港來的那個／夫人／一下飛機就把寂寞／貼在額上／一遍又一遍地揉著／揉得令人心癢的／那個夫人／怎麼也忘不掉那顆黑痣／在她身上的那顆黑痣／我失落的那顆黑痣／總該一次又一次的磨掉了它呢。」相當露骨地暗示著「性愛」的追求與感覺，如「癢的欲望」，「磨掉它」的擬動態等等。而問題是這種愛的快樂，是成爲他對于愛的誠摯凝視的基點，也就是除去了僞善者的假面，而有其聯結于人與人間，面對人生的眞摯的態度：

我不是純潔的人
這個世界只有你知道
所以　妳也不是純潔的人
不純潔的感情才是
深不可測的愛
才能透過我們裸露的心胸
到達上帝那邊
讓我們激烈地活著吧

只有妳活著
俯在妳的胸膛才能聽見
孩子在肚裏呼喚我的聲音
啊　現在她急促地叫喚我
拾虹
拾虹

（拾虹）

前半段的精神的敘說，點出了相互聯繫的（男與女）的交點，後半段的行動的方式，顯示了透過肉體的眞實的行爲再度確認愛的激烈的欲求，而這種眞摯的愛的追求，即使是在超乎日常的異常的場景，如戰爭的狀態中，他也十分堅持；「寄給戰場」一詩中：「把思念的眼淚痛苦地逼出／成爲一顆堅實的子彈……」「……啊親愛的／即使我灰白地躺下／遙遠的你也要持槍回來。」眼淚對比于堅實的子彈，以及死與愛的深沈而永遠的聯結，顯示了拾虹對于純愛追求的特殊方式。

性愛與男女之間的愛情，作爲他個人的情緒的一種顯示與意味的追求而產生他的情詩，則依附母愛的心情，使他的詩的世界，擴大了與根源、鄉愁、凝視人的基本努力的欲求，產生聯結與配合。

拾虹對於母性時時有一種經由受傷而希冀依歸的戀情，母親是遙遠而極爲溫暖的存在，最後回歸的場所。

往母親受傷的地方墜落下去
碎落下去成爲一把暖暖的雨滴
像母親的眼淚一般汛速地墜落下去
灑在母親失血的軀體上

（風箏）

然而　我什麼也沒有看見
只見到重掛在母親眼中的一顆眼淚
母親　你是否住在
眼淚潮濕的地方
那樣神秘的地帶

（脫衣舞女）

只有在看到母親笑容的時候
我們才甘願死去

（陽光）

母愛的形象，是親情，同時也是脫離了親情而最能顯示詩人與自己的根源，如故鄉、家，合一爲共同體的象徵：

有時抬頭來望望
故鄉的白雲是愈來愈白了
母親抬起頭的時候
是否看得見白雲裡
黑色的我們的臉

（雪）

在這些表現詩人依附母性、依附故鄉及家的心情的作品中，我們又可以發現，作爲虛無的生的旅人的同時，作爲眞正流浪于異鄉、憧憬著故鄉的實在的旅人的形象。拾虹事實上是透過「旅人」的體認在「移動」中發現意味；以及從飄泊之中，尋找根（一把失根的薔薇／飄遊在空中／一把流浪的雲在尋找／濕潤的土地……／渴望泥土香味的我的呼吸啊／天空漸漸黯去——「尋找」）進而重新發現立足的自己的生存環境，藉以把握主體性的自我的狀況。

在對于故鄉的憧憬中，詩人有著類似追求夢的感情：「站在小小的土地上／伸長脖子眺望／遙遠的故鄉／我們是依賴著做夢而活下去的人……」（桅竿）歸附母體，歸附于失落的大地的夢，同他追求純愛的夢，在支撐著他的不安的生，無可忍耐的日常。

六

附著於拾虹的詩的形式，大部份可以說是，運用從焦點或主題而展開敘述，形成數個焦點，或線索，而使用發展意味或意義的方法，加以構築的。如雪：「不願意生存在這個沒有雪的地方／長久地被陽光曝曬著／黃褐色的皮膚已經變黑了／不斷地流下的汗滴／落在深陷的足跡上／時時飛揚的塵埃中消失／時時又沾染上我們的臉／緊緊地貼在面上／竟滿是眼淚的滋味／有時抬起頭來望望／故鄉的白雲愈來愈白了／母親抬起頭的時候／是否看得見白雲裡／黑色的我們的臉／那年留下的凍瘡的痕跡還存在著／那年滴落在雪地上的血跡也一定尚未消失。」從這首詩中，我們可以發現他的方法的特點。㈠一節詩句如「不願意……黃色的皮膚……」「……不斷地流下……竟是眼淚」「有時……黑色的我們……」「那年……消失」，均可以切斷爲具有完整意味的單獨存在，由此各各存在的詩節合併而貫穿爲一首詩。㈡語言的音樂性，並不是透過文字的韻律，無寧說是透過語言的意義，同樣地，視覺感如色彩也是不成爲割裂的語言而存在，附存意義，如「黑色的臉」、「白雲愈來愈白」、「黃色的皮膚」等均是例子。而由于上述的特有的形式，往往使他的作品在形式上顯得極爲單一，大抵合于A→B→C的引導式的發展方法，特別是在「拾虹」詩集中，幾乎全部合乎此種詩的表現法，可以說是他的一個典型風貌。

但是，我們也不宜略過，他有如「自由」一詩：「一點星光／整座山就燃燒了起來／火勢猛烈／我們一面鼓掌／一面歡躍／直到一座山／成了灰燼。」一般的小品形式的創作，特別是在近期的「體驗」詩抄中，有多數的詩作，都是以小品的形式，企圖容納意味，而加以表現。

不管如何，拾虹的詩，在方法上有其相當特殊的自己的「用法」及「方式」。在適當地容納他的詩的內涵，而能夠準確的將語言捕捉時，這些方式，可以說是相當的切合於他，而令人覺得親切、自然。然而，在繁複性，以及增加詩的形式變化的進一步要求之下，拾虹的形式，也許有其改變僅僅止於小品，及單一的慣用方式的必要，值得作一變革的嘗試也說不定。

七

對于詩與現實的關係，拾虹有過如此的說法：「詩，除了像洪通做畫那樣令人感到爽快之外，它的價值就在它投影在人間現實的深度吧！如果不能感動，不能與當代的脈搏一同悸動，詩是不可能流傳下來的。」①從拾虹對于鄉愁、失落的大地的憧憬，來對照這一段話，我們可以看出，他在追求「抓住土地」的感覺，與在凝視「土地的現實」具有共通的精神底流，也可以說，他是延伸了對于鄉愁與母體的憧憬，聯結于現實的關懷。在最近，他已漸漸加強了自己對于現實的投影，他的方式，大抵是以社會的事象做客觀的題材，通過題材而顯示現實與生的狀況。其中多含有批評、諷喻的效果。如「秀」一首：

戲院裡
戲正在上演著
幾個條子坐在後排座位上
守候著
不能看見也
看不見的東西

不能看見的東西會在
看不見的時候出現
「給失意者勇氣
給灰心者毅力
給徬徨者信心
給迷惘者決心」

不能看見的東西在
看不見的時候
有時是

「梅花梅花開滿天下它愈冷愈開花」

有時觀眾一個一個離去
最後只剩下條子仍然
守候著
不能看見他
看不見的東西
而戲臺上爭論著
戲要不要繼續演下去
……………

在這篇作品中，他採用了報導式客觀的描述，將社會剖面的現象，即是可以代表周遭存在的問題作爲主題，簡潔而幽默地作了速寫，其中有對于過度壓抑的反駁的基本心情，對于「禁忌」賦與反面意味的觀點。不管如何，從社會層面著眼，類似他這首詩的思考，達成了與暗黑的現實的聯結，而且，透露出來共通的人對于「性」的苦悶，與追求「性」自由的欲望，可以說，這種追求現實的方式，還是拾虹極爲獨特的方式。

由增加現實與詩的聯結的努力，而使拾虹有擴大伸展詩的觸鬚的無限可能性。這種可能性，配合運用適切的詩的形式，發揮內部象徵世界的方法，對于在詩中投注自身全生命的詩人未來的創作，應當會帶來更大的衝擊，展現嶄新的風貌，我們願意加以期待。

【附註】

①拾虹自述詩觀。「美麗島詩集」，一九七九年六月版，頁二二七。

伍、臺灣文學散論

一、溫靜美著「一色畫」跋：厚重和輕盈

——溫靜美的文學世界

二、詩的發現——詩的日常性的追求

三、論現代詩的現實性

四、山林的悲情和眞情——談戰後原住民文學創作

五、戰前臺灣新文學私論——一個綜合的考察

六、承接和創新——八十年代現代詩之形成和展望

溫靜美著「一色畫」跋：厚重和輕盈

——溫靜美的文學世界

一

這本兒童文學創作集《一色畫》，是作者溫靜美近十年間所創作兒童文學作品之集成，全書包括小說、童話、散文各類創作四十篇，詩八首。依性質可將之分為六輯，第一輯收入〈蕭張農場的一天〉等十篇兒童小說、童話創作，均是曾參加教育廳等相關機構所舉辦之兒童文學徵文得獎的作品。大多取材於兒童感到興趣的動物或人際關係，透過寓話的形式，以及轉化生活經驗，來呈示作者心中的理想世界，兼顧及兒童文學的教育性、趣味性和藝術性的作品。第二、三輯收入〈白雲綿綿〉等散文、小品創作計十八篇，性質上是屬於同一類，只以作品創作先後，區分為二，主要的作品多在滿天星、國語日報等雜誌、報刊發表過，基本上，此二輯作品是作者即興的思考或生活感受的結晶，盡量使用小品的散文形式，來發抒心中的感情或理念。第四輯收入極短篇〈阿勇殺了一條蛇〉等八篇，大抵是一時興起的簡短思考斷片，以及刹那間捕獲的靈感閃光，用極度凝縮的形式來表現的掌上短篇，帶創意之作。第五輯收入詩八首，是從作者詩作中，選擇主題接近的作品，幾乎都根據兒童的思考和心情來表現，是作者在詩創作上一種不同的嘗試。第六輯則爲最近期所寫的三篇論述性的文章，但都以兒童相關的問題作爲主題，〈英雄之路〉，係優秀兒童讀物《歷史人物的回聲》偉人傳記一書的評介，〈兒童詩的基本概念〉一文，則爲在臺中市立文化中心快樂兒童文學營演講稿的一部分。〈自然美的畫像〉，則嘗試用教育心理學的角度來考究幼兒的發展過程，是一篇透過實際觀察、體驗的教師記錄。

總之，本書收入的作品正足以呈示作者十餘年漫長的兒童文學行路，創作、研究和思考的軌跡。

二

作者溫靜美出生於高雄美濃鄉村，自幼在大自然曠闊無拘束的懷抱中成長，養成了樂觀、隨和與堅忍的個性，特別是長期居住農村的原始體驗，花草樹木、動物等自然景觀，對周圍存在的人、事、物強烈愛眷的心情，在在都賦與他兒童文學創作最佳的題材，產生莫大的影響。他的小說、童話、小品作品中，充滿著他自身深刻理解的田園風物和情調，諸如，農村生活的人際關係，農村中親炙的動物和景色，還有，他的筆觸帶著淳厚的感情，語言表現純樸而率眞，大抵皆根源於此。作者又是一位基層教育工作者，其所受師範教育的薰陶，小學教師實際的經驗，與其創作的主題自然也具有相當的關連，透過他的所謂〈現場經驗〉，溶匯自身持有的教育理念、教學感想與思考等等，也會引發他種種作爲教育者、生活者的問題意識，特意地表現在小品文和兒童童話、小說之中。相關於師生互動關係，兒童的心理和行爲，乃至有趣、活潑、多彩多樣的學園生活點滴，也自然會被編綴於作品中，多數帶有兒童文學的明朗（幽默和樂天），積極（向善和忍耐）、寓意（啓示和象徵）的性格。

收錄在本書中若干堪稱是具代表性的作品，可以見出乃是：作者以自身原始體驗爲根源，透過教師生活的領悟，開發出來獨特的主題，而以文學的寫實或虛構技法，苦心來表現，完成度和藝術性極高的童話、小品或小說。諸如；〈蕭張農場的一天〉，以動物和人之間互動的關係，來表達作者所期待的人間和自然（動物世界）調和融會的願望，從人（農場主人蕭張）與動物（農場的各種動物）的齟齬↓人和動物的競爭↓人和動物回復和睦、相互的理解三段論式，透過輕快的筆觸，生動活潑的物像，幽默的對白，來提示大主題，相當成功。而不同於〈蕭〉文的虛構性，〈獅子王的新政〉一篇，依然以動物的世界爲表達的媒介，卻是充滿引喻和寓意的現實童話。故事以獅子王的老邁與糊塗，動物的愚昧和自私，進而突顯新政的荒唐，託此刻畫出來饒富深意的內涵，作者顯然要藉著動物世界的諸現象，來暗喻現實人世間同樣可能發生的，種種奇怪的社會、政治現象，統治者與被統治者相互的對應，世間自然律與信念的存在與保持，共同體的法律拘束和人們行動的相生相剋等等十分沈重的主題，使得全篇帶有強烈的寓話和諷刺性格。至於〈一色畫〉短篇兒童小說，則顯然傾向一種記錄教師現場體驗的文學型態，以學生的繪畫課作爲引線，描寫師生、家庭、同學等的互動及人際關係，隱藏了追尋人與人之間的「愛情和交流」的主題。文中主人公的「一色畫」描繪過程正代表一種個人自我認識和發現的努力，而其繪畫的完成則代表愛（理想）的渴求和獲得。全篇到處可以見出，作爲一位教育工作者求道的姿勢，獻身的熱情與自我凝視的心情。充分顯露出作者刻意取材於學園生活和經驗，轉化爲兒童文學創作的技巧與意義。類似此種創作，在本書中其實占有相當的份量。〈卡多．阿明和他的小豬〉一篇則完全取材於作者農村生活的原始體驗，文中幾段對小豬生產的細膩描寫，十分生動，主人公善良形象的刻畫，農村生活模樣的描寫，在在顯出作者深深的田園眷念情緒，以及純粹執著的人間感情。至於小品文方面，大抵是以寫實的手法，具體的寫出生活中點點滴滴的感觸，或捉住剎那的巧思，風趣地來加以表現，舉例來說，〈路口的故事〉寫出日常生活中的小準則，即交通規則的意義，經由小巧的形式，簡單的情節安排，文學氣氛的塑造，對兒童（一般人）作行爲的提示和訓示，是一則親切的小品。〈誰最大〉則寫灰白雲的競爭，引發了一種意外的結局（解救痛苦的人類），饒富趣味，寓寄了作者對現實的關懷，在小小的散文形式中。而〈靴子〉一類的作品，則顯示了作者的巧思與詩的氣氛，這篇作品的結尾中，突然出現斷了腳殘廢的兒童，透過出人意表的伏筆，讓讀者看見孤零零的受難形象，屬於一種「逆說式」強調的表現，雖是精短的小品，卻帶來極大的感動。

溫靜美的兒童文學創作，呈示了厚重和輕盈兩個面貌。其兒童小說、童話的創作，根源於自身幼年、少女時期的原始體驗，以及作爲一位小學教師，不斷地自我凝視和冷徹觀察的思慮，顯示帶有向陽性、寓意性、幽默性，厚重的內涵。其散文、小品文和詩則形式輕盈，饒富感情與趣味。而作品全體則塑造濃厚的文學性和詩性氣氛來加以統一，樹立了他獨特的精神世界。

詩的發現

——詩的日常性約追求

一

有名的日本小說家芥川龍之介，在他的自傳式的散文詩「阿呆的一生」中曾有如下的一節：

……高架電線，依然迸發著銳利的火花。他檢視了整個生涯，卻沒有感到特別想要的東西。除了這紫色的火花，淒烈地迸發在空中的火花，即使和生命交換了，也想把握住……。

在高架線迸發的紫色的火花，美麗而或許會在瞬間消逝的東西，卻值得以生命去交換，這樣的思想裡，可以說存有在倦怠的人生，或平凡無意味的日常之中，企圖把握住什麼令人感到新鮮，喚起人們昏睡的精神，具有追求創意，刺激而愉悅足堪感動的心情吧！

寫詩這種行爲，若不是從現實脫出，而在虛構中追求夢的行爲，必然是從凝視日常中，喚起「再生」的自我的精神作爲吧！當然，這種說法只是粗略而片面的比喻。但是，無可否認地，在幾乎是千篇一律、單調，成爲定型的日常生活之中，發現詩，發現從日常而感知的鮮烈心情；對于同樣是平凡的過活的詩人是一種挑戰。不只是對于自己敏銳的詩人觸覺的挑戰，尤其是對於達成不沈溺于日常的自己的生命，摒去陳腐，而發現新世界的挑戰。畢竟，不管如何優秀的詩人，總是有其體驗的限度，有其生活的範疇，不時地如同磨亮了的利刃一般，閃閃發著光的詩人，正是在這種圍囿了自己的「範疇」之中，伸展敏感的觸鬚，藉詩從事「極限」的精神領域之探索與捕捉。

二

以日常的生活做詩的題材，也就是從正視平凡的周遭存在而寫詩，並不是一件討好的事。大抵上，日常性的詩，易淪于平凡而無感動的俗作，甚或往往成爲粗略而表面的景像描寫。但是，能夠超越了一般的感覺，陳腐的內容，則生活的詩，也會發揮它令人易于感動，十分眞摯的優點，成爲佳作。尤其是，生活的詩，題材幾乎是沒有限制，而隨處可以發現，可以使人感受到詩與生活密切接合的焦點，詩的廣闊而親切的世界。

郭成義的「家庭詩抄」一輯作品，可以說是，最足以顯示生活詩特色的作品。詩人在「家庭」的日常生活中，透過與妻子、兒女的觸覺而發展的這一輯創作，足以顯示出詩人對於生活的熱情，對于周遭的深刻的觀察。特別是，不淪于俗的感覺，以及將詩的焦點延伸爲具有共通感覺的方式，令人感到生動而新鮮。

被我信賴多年的妻
與我有了爭吵
我以爲那是不必的
但是妻仍然很生氣
我誠摯地把我的手
往她的腰部挽去
我想說
我愛你

她卻驚急地
以爲我在向她攻擊
立刻在我手腕上
抓下了幾道深深的
指痕

不肯流出的血

在鮮紅的指痕上
緩緩寫下幾道
人間的血跡

這是在這輯詩作中，題爲「誤會」的一篇，夫妻爭吵的行爲，幾乎是任何一個家庭中都會存在的日常瑣事，在這兒，詩人卻從這種極爲「陳舊」的瑣事，發展出他的愛情感覺，進而觸及人內心存在的類似「猜忌」的劣根性，愛的行爲被誤會爲攻擊的行爲，而反擊的妻子的心情乃是一種自然的心情吧！而也許是透過此種誤會的冰釋與化解，人與人之間才能產生眞正的心的交流而得到眞正的諒解，產生眞正的愛吧！「人間的血跡」正是最自然而純粹的作爲心的交流的象徵也說不定。在這首詩中，有著昇華于一般描述俗世而千篇一律的夫婦感覺，具有魅力的新的發現，相對于這首沈潛于家庭內的事象而表現的作品，他也寫了透過對于自己最接近的外在的現象觀察，聯結於人生哀愁感的作品：

幼年的巷子
現在還在走
跳繩一二三
猜拳一二三
拍球一二三
詩的發現

捉迷藏一二三

孩子們的遊戲
是一條跳動的脈搏
使這條巷子活下去

偶爾
也會聽到
大人們慘烈的遊戲
一二三……四

（巷子一二三）

沒有太大改變的環境，童稚的少年們的遊戲——沒有造假的形象單純的行爲——，以及大人們慘烈的遊戲這三個焦點組成的這首詩，實際上投影了人生的構圖而存在。經驗了大人的鬥爭而活著，疲憊的詩人，同樣也是對于生的倦怠感強烈地感受到，而有著悲愁感的人吧！不能不在慘烈遊戲之中活下去的人，切身而眞實的生活感覺，因爲孩子們無邪而快樂的遊戲，以強烈的對比而表露無遺。可以說，這兩首詩，都是以做爲活生生的俗世中的人的立場，而抓取生活的感覺，卻不淪于俗套，而具有令人感動的新鮮質素的優秀作品。

三

相對于郭成義的生活發現，曾貴海的職業感覺，以及緊緊地扣入現實的生活表現方式，也是追求詩的日常性的傑出的方法。曾貴海是一位醫師，透過他的醫師的冷徹的注視，他的作品中，不只是有意從日常擷取鮮烈的感動，而且企圖在聯結『現實』上發揮詩的功能。

不知道那個病人
匆匆忙忙反把藥拿走
卻留給我
一串鎖匙

翻看著它
像是外科醫生手中的斷肢吧

失去了枷鎖
能夠在這水泥木板和鋼鐵的城市
活下去嗎

休診後
把它掛在鐵柵外
或許
他正奔馳在秋末冷清無聲的街道
追尋
門等著他

這一首題為「鎖匙」的他的詩作，實在是一首令人再三咀嚼的佳作。作為醫生的冷澈的眼，不只注視了病人的肉體，更注視了病人的心，以及病人活著的這個荒漠而無情的世界。首先他具有一種強烈的悲天憫人的關懷。遺忘了鎖匙的行為成為詩的素材，遺忘鎖匙本身，卻是日常生活中隨時可能發生的事情。同時，就詩人看來！遺忘鎖匙，實在是如同失去枷鎖一種反而是可以「解脫束縛」而自由的行為，問題是「能夠在這水泥，木板和鋼鐵的城市／活下去嗎」這樣的反問，深深地令人感到活著的無可奈何的哀愁，所以，為了活下去，一定是：「奔馳在秋末冷清無聲的街道／追尋」的這個人多麼令詩人擔心，從物的客觀描寫，我們可以感受到，詩人在傳達著，人與人之間誠摯的關愛。而生的哀愁，人的存在的無奈，以及這種詩人的愛，透過完整的詩的表現多麼令人感動。這首詩的成功，也是在于新鮮的構想，以及聯結了共有的哀愁感。這種新鮮的生命欲求，在他的另一首作品中，也可發現。

一波接著一波
自遙遠的海平線
一路上顛簸地奔逐過來的
波浪
碰上岸邊
而驚叫起來
化爲細碎的
夢的白花

（澎）

夢的白花，實際上就是生活中的「驚訝的發現吧！」碰上岸邊而驚叫起來的極爲平凡的波浪，成爲夢一般的詩，這是在日常睡眠著的感覺中，發現的詩的感覺，自是不用置疑，詩人惟有時時保持類似這樣的新鮮而叫人戰慄的感性，才能脫出庸俗的層次而有所提昇。

但是，除了上列的兩首感性極重的作品之外，曾貴海也有極爲接近現實的詩人之眼：

剛被診斷出來
依約到達的那個肺癌病人
山東籍的教師

詩的發現

高瘦的身子不願表情的臉
倦態加上病容
黑板上寫了三十多年的白粉筆字
暗示他
家在那裡
太太怎麼沒來
朋友呢
他只是沈默的搖搖頭
漸漸地搖重了頭
突然一顆淚水嗤的滴在
臺灣的地圖上
蔓延

這首題爲「某病人」的作品，是以「鄉愁」作主題的作品，同樣顯示了詩人對于周圍的強烈的同情。流浪而給終沒有家的感覺，這種最易令人共鳴的心情，透過醫生與病人之間的互相交流的場景安排，被極爲生動，簡潔的描述了，本來看病這種行爲也是日常生活中的一部份，已經習慣的行爲，詩人卻將其新的發現，連結於「現實」，由于政治的因素造成的個人的悲劇，令人可以無限地擴大聯想，而形成問題探討的心情。

可以說，曾貴海的超越日常性的努力是根源于其敏銳的詩的思考，以及縝密的詩的形式的處理，並且有其關注人的溫暖心情而形成具有共同性質的愛的追求。

四

曾貴海的愛是一種同情與關懷，則旅人的愛卻有回顧自己的生，而透過日常的景象作媒介，表達了對于母親的摯愛的獨特性格。如「胡琴」一詩：

自胡琴橢圓的肚子
拉出成串「阿母」的聲音
于是眼裡飛出一隻孤單的稚鳥
跌入故鄉的小小病房
不再飛的翅膀
輕輕地停在阿母的手上

小女臨去的遺言：「阿母？阿母」
就是這把胡琴唯一的調子

這首詩裡的人物小女與母親，場景病房，以及貫串了這些的愛與死的感覺，十分自然，生動而可以令人體會。胡琴這個東西作爲整首詩的媒介，顯示了對母親的愛的渴求，死的哀傷，可以說是一首晶瑩而感人的小品。而詩人用的是客觀的描寫方式，簡潔的交代了「故事」的內容，更透露了淡淡而揮之不去的悲傷的感覺。同樣地，以母愛爲題材，旅人還有一首「電風扇」：

站立著母親的心
疾速地給出一片片退燒藥
一聲聲沙沙
呼喚孩子
你在那裡
發燙的肌膚吃下退燒藥
現出舒服的顏色
孩子
只要你腦裡的清涼
經常洗出母親的照片
我日夜工作
算得了什麼

但是給出一片退燒藥的母親
自己發燒的時候
誰給她退燒藥

把電風扇，聯結于母親的這種詩想，首先，顯示了詩人不平凡的感性，從聲音、效用，以及物的形象把親情襯托出來，物象本身又是日常生活中，時時在使用，令人熟悉的東西，這樣的詩的處理方式，可以說是超越了日常的物的感覺而聯結于一般人心的方式。而兩首詩都含有從日常平凡的事物中，抽取眞摯的親情的強烈慾望。這種眞摯性的追求，也是詩的日常性的追求過程中，易產生令人感動的因素。

五

本來，詩人就是活生生的人，同樣地必須在俗世中浮沈，而沒有絲毫必要裝腔作勢的人。詩的日常性的追求，只是詩人追求「眞實」的一種方法，如上述郭成義、曾貴海、旅人三人的詩作中，努力于打破陳俗，發揮生活中的詩意，以及藉共通於人的感覺或愛的心情而顯示詩的眞摯性格，令我們可以感覺到詩的溫暖而令人喜愛的魅力。證實了詩的發現，也就是從日常性的追求中，凝視自己的生命，以及擷取超越了凡俗的生活感覺，其中含有詩人對峙于自己的環境的意志，而把握住異質的詩的可能。

論現代詩的現實性

一

兩次大戰以後，人類面臨了種種劇烈的變革，不管是內在的精神世界或外在的物質文明都明白顯現出來。文學上而言，如超現實主義、新即物主義、存在主義等等也揭示它們鮮明的旗幟，展開新的文學思潮。

廿世紀的現代詩，受到近代主義的洗禮也產生急劇的轉變，不管在詩的內容或形態，都急激的增加複雜與難懂性，而且有極端偏重于個人性的傾向，這種情況，對讀慣舊詩的人們而言，造成了現代詩是難懂的文學的印象，現代詩不再是消遣、娛樂的文學了，那種遊山玩水，騷人墨客的膚淺即興工作，表面可以瞭解的現象，在現代詩裡漸漸消失了，由于現代這個時代越來似乎越面臨精神的虛脫和不幸，常常令人感受絕望，感到未來是充滿又冷又暗的文明所產生的幻影，現代詩人們遂自覺地把原來狹窄的「趣味世界」解放，重新賦予詩的新任務，使其關係於更廣闊的生活面，同時，企望使詩更根源于「生」了，現代詩人的任務之一就在開拓出這一新的傳統性來。

換句話說，現代詩的變革，已逐漸從主情性變爲客觀性、現實性；從情緒性變成知性，而且漸漸把「歌唱的詩」移到「思考的詩」，因此，在形式方面，常常表現了要求新的方法的傾向，而從這種新的方法來產生最適于內面性精神的要求。

因此，現代詩的特徵之一，可以說就是現實性，或者說社會性，在內容方面而言，複雜的現實意識，存在的社會現實都成爲現代詩的主要素材，在語言方面，口語詩的變革，以日常平易的口語形式來表現，而不以音樂性彈出感覺性情緒，還原于視覺性乾燥之心象成爲表現方法的主流。

二

內容是決定眞詩的條件，也就是說詩乃以精神主題決定形式。可是，詩的精神主題又是什麼呢？簡單的說就是「詩性精神」，成爲詩內容的詩性氣氛是一種昂揚的心理狀態，換言之即是某種「感動」。

進一步而言，既然詩的特徵之一是社會性；究竟，決定詩性精神的「感動」的內容，如何與之關聯呢？我們可以說，素材決定了這一個問題。也就是「表現什麼」的探索。

「詩的題材是無限制的」，任何人都可以這麼說，可是要產生詩的感動，以詩的現實性而言，無非是「感受人存在現實的無聊」，這種無聊是「偉大的無聊」。因此，詩的社會性格更形顯著；以人的存在爲中心，對于周圍的社會現實無非是(1)對國家、民族的鄉愁、情感(2)對周遭事物、現象的反射(3)對人與人關係的觸覺(4)個人自我內在的剖示和挖掘；以下我們試就鄭烱明詩集「歸途」中的一首「搖籃曲」作一說明：

鄭烱明作

搖籃曲

搖喲搖喲
慈祥的母親呢喃著
（睡吧　孩子安靜地睡吧）
我的身體十分疲憊
但是我躺在這個
動盪　不安　悲慘的世界
教我怎麼睡得著
我放聲大哭
籃搖得越厲害
籃搖得越厲害
我越放聲大哭

搖喲搖喲

慈祥的母親呢喃著

（睡吧　孩子安靜地睡吧）

這首詩十分平白易懂，可是仔細加以分析，我們可以和現代詩的社會性、現實性的性格作一印證。

(1)對國家、民族的鄉愁：若就本詩的整體性而言，作者的著眼點，無非就是這一種「實存的鄉愁」爲思考的焦點吧！尤其是第二節是主題的點出，我們身處的動亂世界，是日日感受深刻，迫近的；「籃搖得越厲害，我越放聲大哭」這種發自嬰兒口中的怨言卻多麼強烈的感動心弦。

(2)對周遭事物現象的反射：這首詩所反射的是兩個對照的極點：母親的慈愛，現實的悲慘、動盪和不安，現代詩不只在挖掘善的、美的、眞的一面，也在批判惡的、醜的、虛僞的一面。

(3)對人與人關係的感觸：孩子的無邪，母親的撫慰，雖說並不強烈的在本詩中呈現，可是作爲襯托主題的這一個素材，也可以明白的感受，以無邪的童語來表現大約也是作者的希望。

(4)對個人自我內在的剖示：在這一點而言，如同對「實存的鄉愁」的感受一樣，實在也是本詩的主題；藉著搖籃曲這一簡單的素材，作者是在觀察過現實而且經過自我觀照以後，對自我存在慨嘆和剖視，從大處著眼是國家、民族的悲慘，從小處著眼是個人的現實哀愁，兩者互為重疊存在。

由是，就詩的素材而言，產生詩的感動的必要條件之一顯現于現代詩的現實性、社會性的性格上面，這是我們提出的第一點結論。

三

就另一方面而言，在表現的語言上又是如何呢？語言的重要性，在于它是一種媒介；而語言的意義機能值得加以強調；修辭法或美文法在思考語言隱蔽的機能的世界已失去其作用，也就是說，現代詩的語言的運用技巧在乎活用語言的始源性機能；現代詩須要的絕不是詩語的詞彙，反而是語言持有的意義的廣泛與深奧；也就是語言所持有的正確意義性的機能和豐富的情緒性的機能；把日常平凡用語加以適當計算，組合和按配，大約是發揮此種語言機能的途徑吧！因此，現代詩的語言已不再崇尚美而空浮的詞藻，更不再須要晦澀造作的扭曲，而是要求親切、平易、自然的表達。

以下比較兩首詩作，來說明語言的機能運用；

1. 梭魚

管管作

整個的冬天管管把他的眼睛放在一張竹椅子上對著門前那棵苦苓樹坐著守候著

樹肚子裡面那條慢慢向上爬升有一天會忽然沖破樹枝向半空狂奔洶湧而去的那條河的水聲（那時管管就是散步在樹下面的第一尾魚，就像睡臥在伊頭上那座淙淙噴泉裡的那隻梭魚）

2. 島與湖

杜國清作

歇斯的里地
我的身邊　有妳
橫臥的麗姿　以及
在無人的白波與沙礫之間
早晚留著赧媚的不滅的形體
我的身邊　環繞著水的世界
絕壁的　硬固的
不能動盪的我
時時渴望潤濕卻擔心
風化將使島泥逐漸崩壞

以上兩首作品同樣以愛情爲主題，在語言的使用上卻是強烈的對比；管管的「梭魚」在語言上令人感到是文字的遊戲甚于眞情的流露；在重新組合語言的機能的方式令人感到繁瑣，曖味不耐和扭曲造作。杜國清的「島與湖」則相反地，清晰、明朗、自然，而餘韻嫋嫋；深情流露無遺；在語言的組合和按配上也可見出作者的巧妙。

由此，當我們強調；現代詩的現實性和社會性時，基于實際的需要，詩語言的口語化，親切化已成爲不可或缺的要求了，或者，我們可以說：高明的詩人是時時和語言對決；而可以運用最清楚簡潔的語言去表現無限擴展的心象和詩世界的詩人；產生眞詩的條件，不在于語言的浪費，而在于了解語言的原始根源和認識語言本身的深度及廣度。這是我們提出的第二個結論。

四

總之，做爲現代詩性格的現實性，社會性是詩作者不可忽略的問題；可是，我們也要了解，詩在本質上並非爲了迎合大衆嗜好而寫的，反而是爲了人類之中的一個自己，爲了使今日異于昨日而寫的，深入在這種詩的「異數世界」去探究，我們要了解詩的大衆化的企圖是致力於普遍的提昇和淨化社會的心靈。也就是，我們要表達的是，以社會周遭的切身感受爲素材，（亦即重視社會性的性格）而過濾，重組之後的高度精神結晶。

山林的悲情和真情

——談戰後原住民文學創作

原住民文學概述

原住民文學是臺灣文學中最寶貴的一項遺產。具有悠久的歷史淵源，也有豐富的內涵。從古代的口承文學：包括神話、傳說、民間故事、歌謠，到戰後的小說、詩散文等現代文學，呈現了十分異質的風貌。

原住民文學共通的特質，從內涵來看，其主題大都密接於其族群，相當能反應他們的生活觀點、祭典、思考、行動模式，從古代口承文學中，明顯的可以發現其對族群的源起、生活觀點、祭典儀禮的解釋，戰後的原住民文學則多反映他們的生存處境，應對現代文明和環境之際，心靈的變化和適應。從表現的形式而言，語言多較樸實，表現多較直接，描寫多不拘既成文體，往往顯的自由饒舌，而其充滿色彩的表現、豐富的場面呈示也是特色。比諸流行的、或一般既存文學，則更能顯示其渾厚、內密的素質。

戰後臺灣的原住民文學，特別是在八〇年代以後，乃是一門新興的文學，挾帶一股新銳的氣勢，頗為多彩，作家的輩出，十分引人注目。由於各族各具特色，令人有應接不暇之況。底下，擬依小說、詩、散文分類，分別介紹一些優秀的作家和其作品。

戰後原住民小說

小說方面，最近最受到注目的作家，當推田雅各，他是布農族人，本名拓拔斯·塔瑪匹瑪，是一位醫生，曾獲得吳濁流文學小說獎。他的代表小說集《最後的獵人》共收入《最後的獵人》等八篇作品。

田雅各的作品主題，多為描寫原住民的存在困境，善以面臨夕暮黃昏的原住民人物，來表現他們挫折的心情和堅忍不拔的性情。如《最後的獵人》一篇，以主人公上山狩獵的一段過程為引線，透過主人公的心境變化，精彩的描寫他的內心，在環境的變遷和漢人的壓迫下，將人生的無奈（即原住民的無奈）表露無遺。文中對於主人公，心情起伏，從不快～返回自由的山林的雀躍～感受挫折的心情～回復喜悅～而對漢人山區管理員無理為難，而強忍憤怒的變化～屈辱和忍耐——自我解嘲，此起彼落，相當成功。他在作品中所描寫的人物，不管老人、兒童、女人、醉漢都活潑生動，而作品裡孕含的文化意識，深刻的文化思考～特別集中漢人和原住民的相互對應，文化衝突的主題上，居於弱勢族群的立場，來觀察，提出批判，具有強烈的現實性格和歷史意識。

除了田雅各之外，第二位值得介紹的作家是娃利斯·羅干。他是泰雅部落出生的作家，目前正大力推展原住民文化。他的代表作品集《泰雅腳蹤》，收入〈城市獵人〉等七篇小說。

他的作品風格亦極爲特殊，同樣對原住民面臨現代化和族群衝突的處境，有所省察，以「歸屬的失落」作爲表現的主題。在《城市獵人》的主題裡，主人公是一個從山地來到都市的青年，轉化他作爲山林中英勇的獵人形象，在都市的荒野叢林中，他不得不成爲黑社會的殺手，好不容易逃出死亡的陰影，留得一命，他還是必須重返野蠻的都市森林求生存，小說的結尾，正是準確地預測了他悲慘的未來命運。

〈誰都不能欺負他〉一篇，則藉一位堅強的原住民老婦人，來揭發現代化過程中，原住民的困境，因著水泥工廠的開發和設立，造成原住民生活的荒廢，老婦人的不屈服，不但顯出原住民求生意志的堅強，也凸顯了完全以漢人主體思考和作爲的不合理與蠻橫。〈美麗與哀愁〉一篇則藉一個家庭的沒落和主人公的夢，來凸突顯處於現代文明衝擊下，面臨解體的原住民心酸無奈的境遇。主人公最後還是不能不奔向他感覺格格不入的都市，尋求生機和發展，表現了一種無奈的人生悲情。

戰後原住民詩作

在詩的創作方面，瓦歷斯・尤幹是一位傑出的詩人。他的最新詩集《山是一座學校》，是詩人投身山林小學的教學體驗和生活記錄。集中顯示了對山林自然的共感，與無邪的小學學童的眞誠交流，對誕生鄉里的思念和歌頌，還有個人山居生活的雜感，多彩多面。

〈來信〉

有空會回部落
等三年或五年
開一輛車
穿西裝
打著漂亮的蝴蝶結領帶
擦亮部落的眼睛

〈綠葉是樹的耳朵〉

樹木長著許多耳朵
長在綠葉的末梢
小小的耳朵
聽八方的聲音……
親愛的
不要忘記
綠是樹的耳朵

〈來信〉一詩顯示出詩人所失落的山林鄉愁，不只在都市中失落了鄉愁，也失落了樸素的心。〈

綠……〉一詩則看得見，詩人努力尋求和自然交融的渴慾。他的詩，處處可見在山林生活中，樸素的心境，明朗、樂觀的精神，是一種灑脫的山林交響樂，顯示出人回歸山林純粹世界的眞情。

在散文方面，周宗經的《釣到雨鞋的雅美人》，施努來的《八代灣的神話》均是值得一讀的作品。施氏的作品，不管是描寫雅美族的神話、傳說也好，個人的生活體驗也好，在在都充滿人生生命的喜悅，字裏行間，流露出希望，和認眞追求生命心靈的躍動，令人極易共感共鳴。

以上，簡單地，介紹若十名原住民作家的戰後文學創作，從其中，我們可以體會的到，躍動的生命深深地感動和喜悅，原住民作家用他們的彩筆描繪出生生不息的山林生活感情，既是特殊的，也是貼切而可以探觸的，從他們的作品中，不只看見了山林人生的悲情，也體會了山林人生的眞情。

戰前臺灣新文學私論

——一個綜合的考察——

以一九二三年前後爲出發點的戰前臺灣新文學運動，本來即帶有強烈的文化啓蒙運動性格，因此也可以說是相對應於政治、社會情勢而展開的一個文化、文學運動。一方面，自然有方法論探求的前提存在，即是思考如何以平易的形式（文體）來達到推廣新文化、新主張的效果，因而文學語言論爭必然伴隨著發生。一方面，自然必須面對追求主題的新課題，新時代所揭示的主張，個人意識的覺醒，使初期的文學試作充滿了作者苦澀的表情。無知的『神秘的自制島』就是一個例子。文中作者透過寓話式的體裁，描繪出自制於重重伽鎖卻不自覺的愚民的悲哀，其冷徹之眼，全副之心力，不只企圖從緊緊被束縛的環境中（也正是現實政治的巨大壓力）解放大衆，也包含了解放自身受到抑制心靈的熱烈期待。正是投影了「昂揚的自我青春」和「反逆惡劣時代」雙重的近代性格。而這似乎也是爾後臺灣新文學作家持續地必須面對的精神挑戰。然而，臺灣新文學的質的提昇卻不能不待一九二六年賴和的『一桿稱子』、楊雲萍的『光臨』，張我軍的『買彩券』三篇作品的出現。不只是形式，內容的充實和完成，這幾篇創作也擴大了臺灣人的文學視野，被三位作家作爲創作時代背景的臺灣與日本、中國的糾結，更成爲此後臺灣作家無法不面對的宿命，一直存在於作家內面的精神葛藤。從戰前至戰後，正是此種精神的葛藤以及基於此引發、產生的問題意識，造就了爲數甚多的文學作家與佳作。

成熟時期（一九二六～一九三七）以降的臺灣新文學，不只其基本精神（性格）已經確立；以新詩爲例，有人指出其所具備的諷刺、抵抗、愛和希望等等質素均已明顯、普遍可見於當時新詩人的作品中，特別是新詩的寫實本流以鹽分地帶詩人爲中心，透過創作來實踐，成果可觀。當然，文學方法（前衛方法）論、表現（內容）論的要求，乃至不同對立的主張就成爲此後一個重要的爭論課題。基於此，風車詩社詩人的現代主義詩作實踐和移植也極具意義，自不庸贅言。至於文學主張的對立（如爲人生而文學與爲藝術而文學），同於此後臺灣文學決戰時期（一九三七～一九四五）文學集團（日本人作家和臺灣人作家的壁壘分明）的對立，無寧是正常的文學現象。反而增加了戰前臺灣新文學多樣多彩的風貌，和活潑的文藝氣氛。

戰前臺灣的新文學其實已經自我形成一種傳統，以文學史的角度來看，凜然的現實精神，抵抗、寫實的主流流脈，乃至前衛、創新的意識和實驗精神等等，戰後的臺灣文學依然加以傳承、接續、發揚。縱使，從戰前到戰後，其間由於政治、社會的因素，無可避免地產生了若干斷層現象，但是臺灣新文學的漫漫長流始終不曾中斷，強烈的風土性格也躍然生動，隨處可見。臺灣新文學持有獨特的主體性格殆無疑義。

承接和創新

——八十年代現代詩之形成和展望

一

在這一部份，擬提出探討的主題是八十年代現代詩的形成與展望，也就是以民國五十三年（一九六四）臺灣文藝創刊爲分界點，對其後臺灣現代詩之發展，特質與未來之展望作一概略的說明。而以承接前二個時代，發展起來的新的世代的詩人與詩作爲考察的對象。

二

新的世代的詩人，論者或稱爲光復後或戰後的世代的詩人，他們都是戰後（光復後）出生，而於六十年代後期，七十年代初期登場詩壇，年齡從二十歲至三十歲之間。

首先，這一世代的詩人，是在相當富足而安定的生活中成長。他們沒有親歷戰爭的體驗，卻具有充分的憂患的意識。他們同時有以心傳心地，承接了父執輩的世代的生活體驗（如殖民地統治經驗、戰爭經驗、顚沛流離的體驗）的先天的體會。所謂：「……伴著上一代殘留的痛苦／屢次，我彈奏它／不管白晝或黑夜……」（鄭烱明詩「無聲之歌」）。這些條件，影響他們的歷史意識，時代意識自不庸言。

其次，他們成長的過程中，受到政治、經濟局勢激盪，目睹其變化，加以教育、文化薰陶的影響，是形成他們的問題意識，現實經驗的基石。

而作爲詩人而登場之際，詩壇的狀況，尤其在他們的創作上發生相當大的影響，也就是，他們存在的當時詩壇的背景，可以概括爲下列數點來說明：

㈠臺灣文藝創刊前後的詩壇的狀況，乃是，藍星詩社的新古典主義已告沒落，創世紀詩社的純粹詩、超現實主義的實驗走入死胡同，詩壇呈示空無、虛幻，「精神不在家」的低迷狀況。臺灣文藝的創刊，刺激了原已活躍的省籍詩人，林亨泰、錦連、桓夫、白萩、詹冰、趙天儀、杜國清、吳瀛濤的集結，創辦笠詩社，發行笠詩刊，這一支異軍的崛起，以強調批評精神，現實及關懷人生的創作態度，樸實的日常詩語，追求有內容的現代詩。在長期的努力之下，爲詩人的復權，扭轉詩風，恢復詩的價值，開創了新的局面。完成了詩的精神的回歸，具有造就新的詩的時代的意義。笠詩社所揭示的現實主義，生活與詩作密切結合，乃是植根於本土的、鄉土的、詩文學的推展，對於當時新的世代的詩人，造成相當大的影響。這種影響，特別是在鄉土文學論爭以後，證實了笠一向所追求的路線的正確，而受到極大的肯定。

㈡兩個根球的結合。兩個根球的結合，可以說是數十年來本土現代詩發展的根源、傳統背景。所謂兩個根球，意指，早在光復前即具備的臺灣詩文學傳統的根球，以及在大陸發展的現代詩的傳統的根球，由來臺詩人們重新建立者，這兩者的結合，始終提供了詩人成長的營養，造就本土詩發展的先天的條件，戰後一代詩人，或多或少地，都有對於傳統的凝視、肯定、批判，而尋找出自己的方向的經驗。

㈣在創作方面，直接，從語言、方法上，影響戰後世代詩人的，應推藍星，創世紀，笠三個詩誌。藍星的回歸傳統語言的嘗試，西化語言的導入，創世紀的純粹詩語的追求，扭曲、變形、奇技的強調，笠的日常生活語言的提倡，語言的思考，甚至方言的嘗試等等，乃是在語言的音樂性、視覺性、意義性的發揮，各依狀況的需要強調，補足而各有特色。在態度上，回歸傳統的新古典主義，純粹詩與超現實主義，現實主義，新即物主義也各顯示其不同的主張。新的世代，在其出發時，多各有上述三大詩刊的影響，甚至綜合地，或有所取捨的，在三大詩刊中徬徨、摸索才樹立自己的風格，形成自己的風貌。

三

可以說，在上述的背景中，戰後世代的詩人們開始了他們追求詩的旅途。

八十年代的新世代的詩人的詩，正如同此起彼落的詩刊一樣，各有其參差不齊的水準，也有相當多采多姿的風貌展示。但是，不管個人取捨的角度、創作的態度，方法意識有相當的不同，在共通的上述背景之下，發展了他們的詩作，仍然有一致地，對于時代意識、現實意識、歷史意識的共同的思考的要求與實踐。大膽地說，本土的、社會的、現實的，同時是藝術的追求，成爲戰後世代詩人的詩的主流似非過言。

以下，基於發展的軌跡的不同，擬經由歸納的方式，來說明戰後世代的詩與詩人的特質。而由下列數個「群」的區分作一介紹。

(1)以「笠」爲陣地而集結的，所謂笠的系譜的詩人，爲數相當多而水準整齊。傾向於表現主義，新即物主義風格的李敏勇、拾虹、郭成義、曾貴海。介乎新即物主義與新浪漫主義之間的鄭烱明，具有寫實主義與新浪漫主義風貌的李勇吉、黃樹根、莊金國、趙迺定、楊潔美。由於笠的文學運動的特質，他們都有「從平凡的語言創造不平凡的詩的世界」的一致的主張，而相當地成功。在創作態度上則強調眞摯性、凝視現實、重視詩與生活的密切結合。他們有些由日常的題材中鑄造詩思，有些則立基於根源的、精神本質的把握，形成問題意識，表達現實經驗。如鄭烱明的「愛情系列」，李敏勇的「從有鐵柵的窗」均爲代表作品。

(2)一般以爲活躍于詩壇，而受到注目的詩人，如羅青、渡也，有基於凝視現實的心情，發展詩的興趣，偏向哲理性、機智性的創作傾向。吳晟則始終堅持以鄉村生活爲素材，而有其現實體驗，呈示了生活與詩的接點。向陽對于歷史體裁、民俗性的詩的追求與嘗試，也受到評價，曾獲得笠新進詩人獎的李昌憲的如「加工區詩抄」的社會性的題材的追求也有其特色。

(3)間或在純粹詩誌，報紙副刊發表作品，而時時出現作品於文學雜誌，如臺灣文藝，及政論雜誌的詩人，有宋澤萊、詹澈、廖莫白、蔣勳等人。大抵上，他們強調與現實的直接聯絡、切入、有強烈的時代感覺、鄉土情懷、民族意識。在語言上則大多顯示平白、平鋪直敘的特色，以達成傳達的效果。亦有呈示報導詩的趨向，有其特色。但他們的創作意識顯然並不一致，如宋澤萊的「福爾摩沙頌歌」與蔣勳的「少年中國」就可以明顯地比較其在意識上之不同。

(4)當然，在戰後世代中，除了上述三種傾向，立基于主流的創作方式之外，也有從語言的追求，意象的塑造，音樂性的重視，古典的模擬，諸種觀點，追求詩的詩人，其實還是呈現有各式各樣的面貌。

附帶值得一提的是，以戰後世代詩人爲主體，此起彼落的詩刊雖然爲數不少，但基於共同的理念，形成詩的運動的企圖而刊行的並不存在。比較活躍的詩刊，如陽光小集，在推出詩與民歌結合，詩的大衆化付出了努力，也作爲年輕詩人發表的園地，提供了場所。

四

可以說，八十年代現代詩的形成是由前代的承接，傳統的凝視，新世代詩人的自覺而造就。在以現實的、本土的、社會的、藝術的創作方向爲主流，詩人的努力已有相當的成績。但是，在經由承接而造成創新的局面，仍然須等待人們更進一步的自我期許以及衝刺。以下擬提出數點作爲展望八十年代現代詩的目標。

⑴在野詩人的立場，詩人必須時時有「回歸原點」的心境，經由自我省察，在創作的態度、方法、語言、主題各方面不斷地檢討，由此而產生自我批判、自我期許，經常保持與現實對決的衝勁，堅持詩人的生與創造的立場，發現新的現代詩。

⑵就詩壇，也就是詩人的環境而言，類似環境清理的工作，十分重要，詩壇的健全，影響詩人的創作甚鉅，如詩史資料的整理，較爲客觀，公正的詩史的創作的嘗試，有助於對過去，現在的反省，可成爲進而展望未來的基石。批評的健全及正常發展也十分重要，經由負責的批評及確立詩評基準可以樹立正常的詩壇的倫理觀，對詩壇風氣會產生良好的影響。

⑶在本土文學的繼續堅持上，並且不斷地，充實詩學知識，經由介紹及研究，充實本土詩的形式、內容，如在詩的語言、方法論、意識論的深入探討，而不只止於表面的寫實，眞正可以達成從根源、精神上發展本土的、歷史的、時代的意識，創造更具水準的作品當然十分重要。

⑷視野的擴大，也就是不拘泥於陜隘的立場，而有寬闊的視野，國際性的詩的追求的重視，達成詩具備共通于人類、人性的文學的抱負，才能使我們的現代詩具備有參與建設人類文化史的意義與可能。詩所要求的提供溫暖、教養文學的本質也才能顯示其功用。

（講於一九八三年三月「臺灣文藝」創刊二十週年紀念）

（刊於一九八三年五月「臺灣文藝」雜誌）